AF282548

Willy Peter Müller

Das Geburtstrauma. Erinnerung und Auswirkung

Willy Peter Müller

Das Geburtstrauma.
Erinnerung und Auswirkung

Bibliografische Information der Deutschen Nationalbibliothek:
Die Deutsche Nationalbibliothek verzeichnet diese Publikation
in der Deutschen Nationalbibliografie, detaillierte bibliografische
Daten sind im Internet über http://dnb.dnb.de abrufbar.

© 2025 Willy Peter Müller (www.traumpsychologie.de)
Verlag: BoD · Books on Demand GmbH, In de Tarpen 42,
22848 Norderstedt, bod@bod.de
Druck: Libri Plureos GmbH, Friedensallee 273,
22763 Hamburg
Layout und Satz: Katharina Jüssen

Coverrückseite: © Sigrun Müller

ISBN: 978-3-7597-7750-8

INHALT

KAPITEL 1

Einleitung

Stichwort: **C.G. Jung.**
Charakter und Erotik

Die bekannten Schweizer Psychologen Carl Gustav Jung und Marielouise von Franz haben bereits festgestellt, dass eine „verspätete Geburt", etwa eine behinderte, blockierte, aufgeschobene Geburt, eine „verspätete Adoleszenz" (Pubertät) ergibt. Doch die Sache liegt tiefer: Eine Geburt unter behindernden, blockierenden Umständen erzeugt nicht nur eine verspätete Pubertät, sondern generell eine beeinträchtigte, geminderte Sexualität im späteren Leben. In diesem Buch wird das Sexualleben von Klienten aufgrund von bewussten und unbewussten Informationen, also durch Träume und Berichte der Klienten, dargestellt und mit der Realität verglichen, durch Bestandsaufnahmen verifiziert. Das Geburtstrauma schlägt sich nieder in einer verletzten, ebenfalls traumatisierten Sexualität, die, etwas milder ausgedrückt, eine gewisse Teil-Traumatisierung aufweist. Im Sexualleben, wie in anderen Lebensbereichen, finden sich auf jeden Fall Spuren des Ersttraumas Geburt! Der Zusammenhang mutet überraschend an, aber im Leben eines jeden Menschen gibt es einen unbewussten, unsichtbaren oder schicksalhaften Hintergrund mit verwandten Elementen, die immer mal wieder Realität werden, die in diese Realität drängen und die vorzugsweise symbolisch auftreten und zu lesen sind, obgleich sie andererseits auch sehr handfest sind. Die Tafel der Biographie verrät solche affinen Elemente, verrät den großen Bogen einer Vita, der bei allen

Um-Entwicklungen doch Hintergrund bleibt. Selbst Berufe, nicht nur Hobbies, kann man so ‚lesen'. Natürlich ist es fürs erste sehr erstaunlich, wenn man erfährt, dass das Geburtsmuster eine Vorlage ist für diverse andere Lebenssituationen, nicht zuletzt auch oder oft für die Sexualität. Die Erkenntnis ist gewöhnungsbedürftig. Fakten aber belegen sie. Fazit also: Eine irgendwie behinderte Geburt erzeugt eine behinderte, beeinträchtigte Sexualität. Das ganze Leben trägt Spuren des Geburtsverlaufs; ein Urmuster ist der Geburtsprozess, er ist sozusagen das Gleichnis aller Gleichnisse. Franz Kafka wusste das: „Mein Leben [gemeint ist: mein ganzes Leben] ist das Zögern vor der Geburt". So äußert er sich genial. Auch seine Romane und Kurzgeschichten sind: das Zögern vor dem Ziel. So charakterisierte Kafka sein Leben, treffender als alle Professoren.

KAPITEL 2

Traumtheorien, u. a. anthroposophisch

Zum Verständnis des Unbewussten, wozu auch das Geburtserlebnis gehört, benötigen wir einen sinnvollen Zugang, ein
Werkzeug. Und dafür ist ein geniales Medium der Traum. Die
wohl treffendste Theorie findet sich in der Anthroposophie des
Rudolf Steiner, der 1861 in der österreichischen Monarchie
geboren ist. Daneben ist das Werk des Schweizers Carl Gustav Jung der bekannteste und sinnvollste Zugang zum Traum.
Auch die Verdienste des Sigmund Freud für die Traumwissen-
schaft wollen wir durchaus würdigen. Doch Steiner zu Freud
kritisch: Es sei dies letztlich „Materialismus"; z.B. ein Gott
im Traum bedeute bei Freud Vaterabhängigkeit. Rudolf Steiner erkennt sehr dezidiert, dass die Träume verschiedene Quel-
len und Dimensionen haben können, und zwar betreffen sie in
Ausnahmefällen auch die Zukunft und die Erlebnisse der Vorfahren bzw. solche aus früheren Leben. Generell sind Träume
nicht nur Alltagsverarbeitungen, was sie natürlich gerne und
primär sind, sondern sie stellen auch einen Zugang zur geistigen Welt generell dar, also zum Unsichtbaren.

Zwei Überlegungen sind wichtig. Zum einen ist zu berücksichtigen, dass die Erlebnisse der momentanen Zeit – wir könnten auch sagen: die Alltagserlebnisse, und zwar besonders die
von gestern – den wichtigsten Anstoß zu Träumen liefern; das
ist das sogenannte „rezente Material" bei S. Freud. Zur Interpretation lohnt es sich also immer, diese aktuellen Umstände
zu beachten bzw. von diesen auszugehen. Der zweite wichtige Aspekt ist die Tatsache, dass unser Unbewusstes mit Bildern arbeitet. Sie kennen das alle, dass Träume voll sind von

Symbolen! Also die Symbol- und Bildersprache ist das Medium für Äußerungen des Unbewussten. Das kennen wir ja auch aus Musik oder Kunst oder aus welch ähnlichen Produktionsweisen auch immer, oder auch aus dem Sport oder aus der generellen Körperlichkeit, Dinglichkeit.

Das sind zwei wichtige Kriterien, die man anwenden muss, wenn man Träume verstehen will.

Idealerweise erinnert sich der Träumer selbst nach entsprechenden Befragungen an die Umstände seiner Zeit, seines Lebens, also an die Aktualität. Die Terminologie, um die Aktivitäten des Unbewussten bzw. des Traumes zu beschreiben, die wir bei Rudolf Steiner vorfinden, müssen wir nicht unbedingt verwenden, aber ich erwähne sie, um dem Verständnis seiner Gedanken zu dienen. Grundsätzlich gibt es einen geistigen Teil im Menschen, den Rudolf Steiner den „Astral-Leib" nennt, der vom Körper sich lösen kann und unter anderem Traumbilder findet, schickt, gestaltet. Und dann gibt es einen weiteren

Seelenteil, in der Terminologie von Steiner wird von „Leib" gesprochen, nämlich den „Ätherleib"; dieser ist vergleichbar mit morphogenetischen Feldern. Er wird auch so beschrieben, dass er aus „Bildekräften" besteht, das heißt: Der Ätherleib ist ein eher emotionaler Teil, der mit der Materie viel enger verbunden ist als der ewige Teil des Menschen, Den letzteren könnte man als Geist oder auch höheres ewiges Ich bezeichnen oder als das Selbst. Der Ätherleib ist quasi der Hersteller der physischen Einzelheiten, er ist immer mit dem Körper rück-gekoppelt. Beispiel: Zu jedem körperlichen Organ oder auch Verhalten gehört ein Modellierer, ein Gestalter, eine gestaltende Kraft. Also zu jedem Herz gehört quasi ein noch unverkörpertes Ätherherz, ein spirituelles Vorbild, Muster, ein Urtyp, Modell, mit quasi Herstellungskräften. Diese Theorie könnte man gut vergleichen mit der berühmten Platonischen Ideenlehre, wo es auch als Vorbild erzeugende Ur-Muster für jede weltliche materielle Erscheinung gibt. Platon spricht bei diesen Modellen, geistigen, unsichtbaren Produktionskräften, von Ideen (idea, eidolon) – das kann man nicht so einfach übersetzen; es geht um das Vorbild, das wirkkräftige Urbild, als Vorstufe für alle (sekundären) Schöpfungen auf der Erde, vorhanden als Primäres im geistigen Bereich. Das ist ein zeitloses Immaterielles. Träume enthalten immer eine solche Urcausa, d.h. den Gedanken oder die emotio oder ggf. auch ein Ersttrauma, was die (unsichtbare) Quelle für die Traumschöpfung ist. Der Traum als Produkt kommt dann mit dinglichen Erscheinungen, Aktionen daher, die eine Botschaft (eine geistige Idee) ausdrücken, und zwar in bekanten, wenn auch überraschenden Bildern der Materie = in Symbolen! Diese gilt es zu lesen, d.h. die Traumszenerie, das Symbol: sie müssen interpretiert werden.

Zu den Ursachenquellen, den Ersttraumata oder zu anderen Ur-causae, zu den ersten Ursachen also für Gefühle oder Erlebnisse des Körpers, im Rahmen der Zeit, gehören eben auch das Geburtserlebnis und das Schwangerschaftserlebnis, natürlich tendenziell „unbewusst", aber gravierend (!), geradezu primär Grundlagen bildend. Das Selbstwertgefühl eines Menschen später, nicht zuletzt der sexuelle Impetus, hat viel damit zu tun, ob seine Eltern über die Schwangerschaft begeistert waren oder nicht...

Auch ein vorirdisches Leben oder ein Thema aus der Reinkarnation können nach Steiner im Traum auftreten. Als wäre unser Einschlafen immer auch verwandt mit dem Eintreten überhaupt in eine andere Welt, bzw. in die Welt davor oder in die Welt jenseits (trans). Ein Traum ist derartig fast selbst, als Qualität, jeweils eine Initiation, nicht nur, dass er eine Initiation beginnt, einleitet. Er eröffnet eine dem Bewusstsein unbekannte Welt. Eine Gleichnis-Welt, scheinbare Märchen-Welt beginnt mit ihm. Ein Traum ist eine Eröffnung eines

Geheimnisses, bzw. von etwas Übersehenem. Psychische Inhalte treten in Figuren auf.

Wir alle wissen, so betont es auch die Anthroposophie, dass der Trauminhalt primär oder recht oft unerledigt ist, dass er ungelöste oder unverarbeitete Probleme, einfach Belastendes behandelt. Da kann es ja auch dazu kommen, wie alle wissen, dass man vor lauter schwierigen Themen eine Nacht nicht gut schlafen kann. Ungelöste Probleme rauben den Schlaf, keine Frage.

Im Übrigen: Ähnlich wie in der Anthroposophie vertrete ich als erfahrener Praktiker die These, dass es einen traumlosen Tiefschlaf eher nicht gibt und dass man umgekehrt grundsätzlich in höhere geistige Welten eintauchen kann. Von dort kommt man nicht selten mit einem spirituellen oder religiösen Traum zurück. (Dazu habe ich, Willy Peter Müller, ein Buch geschrieben: „Gott im Traum"). Vermutlich sind die Weltregionen auf solchen Träumen fußend. Dann kann man also auch Kontakt haben mit engelartigen Wesen oder mit teufelsartigen Figuren, gern als Tiere (z.B. der Bock ist ein altes Symbolon für den Teufel). Oder man kann auch Kontakt mit Verstorbenen haben, und ich kann Steiner nur bestätigen, dass Verstorbene im Traum im Prinzip nicht lügen, auch wenn sie noch manches, wie seinerzeit, verheimlichen.

Ganz wichtig für das Traum-Verständnis ist die Tatsache, dass ähnliche Erlebnisse mit ähnlichen Bildern und Symbolen dargestellt werden. Deshalb geht auch die Zeitstruktur im Traum immer durcheinander. Die Träumer haben ein aktuelles Erlebnis und stellen es aber dar im biografischen Ersterlebnis, mit z.B. zwei Jahren oder sieben Jahren oder mit einem Kinofilm aus ihrem 21. Jahr oder mit welchem Gemälde auch immer. Also sie assoziieren zwanghaft mit einem anderen Erlebnis, mit einer anderen (meist früheren) Zeit. Und die Träumer glauben dann, sie hätten z.B. aus der Zeit des Siebenjährigen geträumt. Also das ist ganz wichtig: aktuelle neue Eindrücke werden immer im Unbewussten – das ist ein Gesetz im Unbewussten, nicht nur im Traum – mit vorhandenen, meist älteren oder auch stark aktuellen, dominanten Bildern erklärt, dargestellt. So arbeitet unsere Erkenntnis, also vornehmlich im Vergleich. Die üblichen weltlichen Kausalitäten sind im Traum aufgehoben. Der Traum hat seine eigene Logik, er bewertet auch moralisch eher selten Das Bewusstsein ist autark. Ich müsste aber besser sagen: das Unbewusste ist autark und richtet sich nicht nach den typischen pädagogischen, gesellschaftlichen Kriterien. Ethik wird oft ausgelassen, nur Fakten zählen.

Wichtig: man muss sich also von der Traumbotschaft, auch wenn sie amoralisch scheint, bewegen, berühren lassen. Steiner spricht davon, dass unser Wille, also unsere Ich-Fixierung im Traum im Prinzip keine Rolle spielt; sehr gut beobachtet. Erlebnisse und Zeiten werden vermischt, daher können Träume auch gern chaotisch wirken, nebenbei gesagt.

Ob wir uns nun im Buddhistischen Zwischenreich (Bardo Todöl) oder im Alltag oder in der christlichen Mystik im Traum bewegen, die Mischung der Dimensionen erschwert die Traumdeutung, nicht gerade gering. Solche Traumstrukturen sind aber auch eine Art Geschenk, nämlich über die Logoskräfte, die eher kleinlichen Ich-Verstandeskräfte hinaus… Ein größerer Geist als unser Geist gestaltet die Träume. Bei der Deutung aber verfangen wir uns gern in ungeschickt wirkenden Bildern (= in unverstandenen Bildern) – wenn wir denn überhaupt ein gewisses Symbolwissen haben.

Träume spiegeln gern etwas von einem Höheren Wissen, ihre Mystik und das Zeit-Durcheinander (die Zeit-Relativierungen) sind eine Botschaft, sie sind ein Geschenk gegenüber der sehr einengenden üblichen Rationalität, gegenüber unserem (eingebildeten) Welt-Ego. Sie sind eine Ganzheitsschau, weniger ein selektives Punktwissen. Und sie stellen z.B. die

Zukunft oft in der Vergangenheitsform dar. Unsere Träume, meist mit mehr Geheimwissen, Mystik, als wir spontan vermuten, kratzen an dem Rand der Ewigkeit. Sie sind weiser als bloß-rationales Denken, sie zeigen im Prinzip die übersinnliche Welt; man kann jedoch reale, praktische Schlüsse für das Alltägliche daraus ziehen. Besonders über Beziehungen wird weiser als sonst üblich aufgeklärt. Auch die Lebens-Sinnfrage taucht philosophisch auf.

Also das Mystische in den Träumen sollte man nicht unterschätzen; das ist ein Geschenk über die Logoskräfte hinaus, über unsere menschlichen Verstandeskräfte hinaus. Wir akzeptieren aber auch, dass dieses Mystische in, sagen wir einmal, schwierigen, fast unverständlichen Bildern auftaucht; und das ist das fremde = eigenständige Wesen unserer Träume. Insgesamt muss man sagen, dass unser Traum nicht selten eine Art von höherem Wissen spiegelt (a) und dass ist nicht unsinnig ist, auf die Träume zu hören (b), dass sie also zumindest einen indirekten, aufklärenden Bezug zur Diesseits-Alltagswelt haben. Und die Zukunft also, nur als Beispiel wiederholt, wird gern in den Bildern der Vergangenheit dargestellt; generell werden antipodische, zwei-polige Bilder gern verwendet. D.h. ein Symbol ist grundsätzlich ambivalent. Und die scheinbare Vergangenheit, die wir im Traum sehen, hat keine geringe Tendenz, irgendwann Realität zu werden. Dazu der allgemeine psychologische Lehrsatz: Das Unbewusste hat die Tendenz, sich auf Dauer zu verwirklichen…, wie bei Platon, oder wie Samen und Krankheitskeimen. Das ist die Kraft des Unbewussten, aber seine Schöpfung gelingt keinesfalls immer, sie ist erst einmal nur potentiell – liebt es aber, real zu werden (braucht dazu Bedingungen, Umstände).

Weiterhin ist wichtig für die Traumdeutung: Szenen und Personen werden gern nach der stärksten Anmutung, nach dem Ersterlebnis, Ersteindruck gewählt. Das Ersterlebnis hat sowieso in der Psyche des ganzen Lebens den stärksten Eindruck. Ein zentrales „Ersterlebnis" ist der Geburtsprozess! Es verhindern Tabus im Traum, im Unbewussten, dass eine problematische Figur direkt oder schonungslos vorgestellt, erwähnt wird. Es wimmelt im Traum von Ersatz-, Stellvertreter-Symbolen: So wird z.B. im Traum die Ehefrau/Partnerin demaskiert, aber nicht die tabuisierte Mutter, also nicht die Frau mit dem größeren Einfluss oder die mit dem Ersterlebnis.... Verdrängung leistet sich der Mensch also auch in Träumen, nicht selten, sie ist aber bei der Interpretation relativ leicht zu durchschauen. Also in einer bestimmten Traumperson stecken sehr oft mehrere Figuren, Vorbilder – die eben Ähnlichkeiten aufweisen; sie waren für das Unbewusste des Träumers Wiederholungen, Affinitäten. Und bei manchen Menschen fällt erst in der Wiederholung der Groschen. So kann man auch aus fatal wirkenden Wiederholungen im Leben auf das Ur-Erlebnis schließen. Das ist dann eine Lehre.

KAPITEL 3

„Endloses Bewusstsein"

Stichwort: **Pim van Lommel**

Fazit eines Videos von van Lommel: Studien mit klinisch Toten, d.h. mit Menschen, die Nahtoderlebnisse gehabt haben, ergeben: das Bewusstsein (d.h. ein gewisses „Bewusstsein") stirbt nicht. Dieses Bewusstsein ist wie eine Cloud (autonome Wolke) zu sehen, zu verstehen, die unabhängig vom personalen Internetzugang bestehen bleibt.

Der Holländer van Lommel spricht nicht vom üblichen Bewusstseinsbegriff, der an die Gehirntätigkeit gebunden ist, sondern vom „erweiterten Bewusstsein" oder vom „anderen Bewusstsein"!

Je jünger die Versuchspersonen sind (betr. Kinder, Koma, Herzstillstand), umso mehr können Nahtoderlebnisse erinnert, berichtet werden, so scheint es jedenfalls. Nahtoderlebnisse stammen aus dem „erweiterten Bewusstsein".

Auch wenn das Gehirn nicht funktioniert: das Bewusstsein ist irgendwo ,draußen' und kann ggfs. erinnert werden. Bei dieser Art ,Rückblick' geschieht alles in der gleichen Zeit. Fazit daher: Es gibt letztlich keine Zeit, jedenfalls in der Transwelt nicht (das überrascht nicht). Das „Bewusstsein", das van Lommel beobachtet hat, in nicht wenigen Fällen, „ist immer da". Es ist unabhängig von der üblichen (messbaren) Gehirntätigkeit.

Die Personen mit Nahtoderfahrungen wissen tatsächlich auch, in dieser besonderen ad-hoc-Situation, „was andere denken"..., und können es berichten (das gibt es in der Traumwelt auch).

Einschub zum Schwangerschaftsthema: So weiß der Foetus im gewissen vorgeburtlichen ‚Jenseits', d.h. in der praenatalen Trans-Welt noch, was die Mutter zu dieser Schwangerschaft fühlt...(und berichtet es in einem Traum später, gar in vielen Träumen). Tatsächlich sind genügend Träume bekannt, in denen die Traumpersonen aus dem Unbewussten ihrer Eltern berichten und genau darstellen bzw. sagen können, was die Eltern damals über die Schwangerschaft gesagt, gefühlt haben, manchmal in der „Ich"-Version. Träume sind unbestechlich, insbesondere zeigen sie klar, ob eine Frucht damals gewollt war oder nicht, auch welcher Elternteil damals die Schwangerschaft wollte, welcher nicht! Im Uterus werden das Selbstwertgefühl und bestimmte Vorzugssympathien deshalb für später erfahren, gemacht, hergestellt...

Van Lommel summarisch: Das/Dies Bewusstsein ist nach dem Tod noch existent!

Einschub: Auch vor dem Leben ist es existent, d.h. vor und bei der Geburt; und es ist dies Wissen unbestechlich.

Eine sprachliche Vokabel-Definition von diesem „Bewusstsein", in den vielen Büchern zur Nahtodforschung, sucht man vergeblich, aber es existiert, wird jedenfalls vielfach behauptet, belegt. Auf das „andere, erweiterte Bewusstsein" stößt man eben praenatal und nachtodlich – sowie in Tausenden Träumen. Das Traum-Bewusstsein ist der von van Lommel angesprochenen Cloud als unabhängiges Bewusstsein gleich, ähnlich.

„Endlos" nennt van Lommel in seinem Buch und Video dieses Bewusstsein, auch schon einmal „Intuition". Es weist vollständige „Kontinuität" auf, und dafür wählt van Lommel den Begriff: das „Selbst", im Unterschied zum „Ego" mit seiner neuro-abhängigen Aktivität. Also zwei verschiedene Bewusstseins oder Ichs: Das Selbst ist immer da, das Ego nicht.

Manche Menschen erleben in Nahtodzuständen ein „Lichtwesen über sich". Dieses löst und erlöst alles...Das ist ja ein bekanntes Erleuchtungssymbol.

Man kann natürlich an den „Geist allgemein" und grundsätzlich denken, auch an Engel im Traum oder an den Heiligen Geist, an das Gegenteil von Materie also. Oder auch an die Platonische Ideenwelt – vor jeder Schöpfung existierend. Auch an den „Logos" im Alten Testament, der erst sekundär „Fleisch geworden ist", also Materie geworden ist. Das Unsichtbare und materiell Unmessbare wird bei van Lommel beschrieben, und das nicht nur bei ihm. Aus dem „anderen Bewusstsein", aus der im Moment unveränderbaren, existierenden „Cloud-Sphäre" berichten die Nahtoderlebnisse – und auch, wie gesagt, nicht wenige Träume. Nicht zuletzt die Träume zum Geburtsgeschehen berichten aus dieser „anderen, endlosen Bewusstseinswelt". Zumindest kann man sehr auffällige Parallelen ziehen.

KAPITEL 4

Träume v. Elke R. (17.8.2024)

Stichworte: **Dachgeschoss. Urlaub. Sex. Verspätung**

Traum I: Das Dachgeschoss zu verlassen, ist schwierig. Es gibt einen schmalen Durchlass, der hat nur Linealgröße, das ist fast unmöglich. Dennoch schafft es Elke ein paar Mal, diesen Spalt zu passieren. Sie bricht auf, um für mich [den Autor hier] Hähnchen und Fritten zu holen; das klappt wohl, bei der entsprechenden Frau im Laden. Elke muss dort einmal zur Toilette, aber sie wird gleichzeitig vor dem „bösen Mann" gewarnt. Die Geschäftsfrau wollte die Bestellung als Geschenk abgeben, aber die Mitarbeiterinnen hatten schon die Rechnung geschrieben.

Kommentar: Elkes Geburt fand 10 Tage nach dem berechneten Termin statt! Die Mutter trank dazu damals eine Flasche Wein (in einem Weinbaugebiet), um den blockierten Geburtsprozess auszulösen, zu fördern, was gelang. Die Motive „Essen" und „Toilette" haben einen erotischen Neben-Touch, das sind Archetypen. „Toilette" zeigt auch ein Problem auf. Aus nüchterner Berechnung zum Teil und aus einem unbewussten Angstkomplex heraus kommt es nicht zum „Schenken", das heißt zum Liebe-Geben oder Sex-Vollzug.
– Im Übrigen waren auch Elkes Sohn und die Traumgruppe des Autors unterm Dach, in diesem Traum jedenfalls. –

Das „Dachgeschoss" ist ein klassischer Archetyp für den Uterusaufenthalt (kommt sehr oft vor)! Das Motiv Hähnchen ist nicht direkt sexuell oder weiblich, als Fleisch eben (nur ggf. sexuell), sondern etwas abgemildert, nur wenig hetero-. Die sexuelle Hingabe-Willigkeit, z.B. auch dem Beschenkten gegenüber, ist eingeschränkt, hat gewisse Gegenkräfte. Elkes Geburtstrauma, als Grundlage ihrer, das heißt auch jeglicher Sexualität, führte auch dazu, dass sie lange ohne Mann war, obgleich sie eine sehr attraktive erotische Blondine ist/war. Ein Liebhaber in der Firma hat letztlich für Elke seine Frau nicht verlassen. Elke hat einen leicht asexuellen Ehemann, so berichtete sie, und auch Bekannte machen über seinen Testosteronmangel gewisse Witze. Jedenfalls ist es auffällig und sprechend, dass die sehr attraktive Elke einen solchen Ehemann wählte, ohne zu wissen, dass ihr Unbewusstes genau so sprach... Den Sohn im Traum könnte man als Animus der Elke bezeichnen, vielleicht ist er etwas zu stark. Die Mutter hatte vor Elke einen männlichen Foetus verloren und später einen Sohn mit 8 Monaten (!), deshalb unter anderem war ihr Gebären in Angst blockiert. Wir finden also allgemein eine Geburtssperre. Elke schätzt übrigens den Alkohol.

Traum II von Elke R. (07.09.2024):
Elke: „Ich hatte heute Nacht geträumt, dass ich mit meinen beiden verstorbenen Cousins im Auto sitze, und zwar hinten. Einer fährt; mit noch einem Freund von denen. Wir wollen gemeinsam in den Urlaub fahren, etwa Südamerika. Die Männer wollen mehr als ich. Ich bin mir nicht sicher: eine Mischung aus „ich will dahin" und „mit denen?" Ich will nicht, dass sie mich als Frau gut finden."

Kommentar: Zum Motiv „Urlaub" gehören Sex und Eigenlust. „Zwei" Männer als Zahl sind ein Negativum. Der Dritte, der Freund, stellt etwas positives Männliches dar. Dass alle im gemeinsamen Auto sind, bedeutet: alle drei haben etwas stark Gemeinsames, psychisch, im Unbewussten; als Urlaubsziel nämlich etwas wie den Eros.

Der Eros, und auch konkret die Genitalorgane als Symbol, stehen für die Fähigkeit, Aggressionspotential zu haben, für eigenen Vorteil, für eigene Toplust. Wenn im Islam Frauen keine erotisch ansprechenden Körperteile, auch unter der Kleidung, zeigen sollen, geht es nicht primär um Sex, sondern um die Beherrschung der Frau. Eigenes an Aktivität und Willen soll ausgeschaltet sein. Der Mann darf allein agieren, und zwar für die Frau mit. Sexualsymbole zu löschen, ist das Hilfsmittel, um den eigenen Willen (der Frau) zu löschen, zu brechen.

In dem Traum gibt es einen Konflikt, dass nämlich Elke erotisch, das heißt besonders autark auftritt – aber auf der anderen Seite ihre Aggressions- und Ich-Interessen-Fähigkeit zurücknimmt, unterdrückt. Sie hat im Unbewussten die Mischung aus Ego-Leben – und Ego-Bescheidenheit, Verzicht. Dass das andere Geschlecht je den Eros, die Aggressions- und Ich-Fähigkeit auslöst, ist ja logisch. Es ist also ein Charaktertraum: was traut sich Elke, die immer so lieb ist im Alltag, zu „nehmen"?

Tote Verwandte spielen hier eine Rolle. Die Mutter hat einen 8 Monate alten Sohn verloren, vor Elke. Vergleiche auch Traum I. Die Mutter gebar also Elke 10 Tage über die Zeit nach einer notwendigen Flasche Wein auf Ex. Insofern ist das Todesmotiv geklärt. Es bremst dies dann die Tochter im normalen Ausleben ihrer Sexualität und Aggressivität. Möglicherweise gibt es in der Clan- Vorgeschichte einen Verwandten mit Sex-Interesse oder sonst einen „bösen Mann", mit nachfolgendem

Abtreibungswunsch der Frau („Toilettengang"), also irgendein Tabu-Problem.

Das wirkt in Elke als Widersprüchlichkeit: Urlaub und Sex = im Prinzip: Ja – körperlich Erotisches zeigen = Nein. Es hat im Unbewussten stark mit einem totgeborenen Verwandten, Bruder, Halbbruder zu tun... Vielleicht hat es auch mit einer alten Tabu-Zeugung zu tun. Das Endergebnis ist jedenfalls eine Mischung aus Sex Ja und Sex Nein. Um Sex geht es nur scheinbar in den oben genannten frauenfeindlichen Kulturen, auch in Elke. Es geht um das selbstbremsende Verhalten bei der Tendenz, Möglichkeit, sich aggressiv etwas „nehmen" zu können! Der Ich- und Aggressionswille wird unterdrückt, die allgemeine Lust gebremst, nur scheinbar, stellvertretend geht es um Sex. Sex ist eben Ego (blanker geht es kaum). Vergleiche die Nonnen: Unterwerfung unter einen anderen Willen statt Eigeninteresse, statt Ego-Leben. Irgendwo allgemeiner Verzicht, das ist Kloster, scheinbar und pseudo ist es Sexverzicht. Die unbedingt unsexuell in der Öffentlichkeit auftretende islamische Frau: das ist Verzicht auf eigenen Willen, nicht primär auf Sex.

Viele Menschen haben innere Konflikte, zuletzt eintretende Skrupel, wenn sie sich tatsächlich „etwas nehmen" könnten, es könnte dreist wirken usw. Besser die eigene Absicht verstecken. Bzw. es schießen unkontrolliert die Tabus hoch. Das unschuldige „Nehmen" ist manchmal ein Leben lang gebremst, und man begreift sich selber nicht. Die Skepsis gegenüber Sex im Traum ist primär verbunden mit der ausgebliebenen, aufgeschobenen, blockierten Geburt der Elke. Alles ein lesbares Gleichnis.

Die Zweifel und Skrupel neben Sex hat auch das allgemeine Ego hier, eventuell weniger oder aber mehr als die sexuelle Frau. Der übergeordnete Konflikt, das Geben- und Nehmen-Spiel zu spielen, ist nicht untypisch für Sex – „aber nicht mit jedem"; es ist also insgesamt hier ein üblicher Alltagsfall. Natürlich bei Sex ist alles pointiert, nach außen hin verräterischer:

Welche Frau kennt das nicht: Lust ist vorhanden – aber mit jedem? und dann noch eventuell mit Schwangerschaft? Die sexuelle Elke und die Charakter-Elke sind natürlich ein und dieselbe Person. Wir wollen diesen Typus nicht auseinanderdividieren.

KAPITEL 5

Träume v. Bill P. (6.9.24)

Stichworte: **Kisten. Kasten.
Plastik. Füße**

I: *Eine Art Händler, Handwerker, nicht alt, mit weißen kastigen Elektro-, Küchenmöbeln (in etwa Kühlschrankhöhe), erzählt mir, dass seine Weitergaben an Verwandte mit deren (geschäftlicher) „Pleite" endeten. Ob er selber pleite ist, bleibt unklar. Jedenfalls hat er ein Lager voll von diesen Geräten, Möbeln. Welche flache ‚Füße‘, Sockel haben, in durchsichtigem „Plastik" (!) eingeschweißt, deren Inneres er jetzt ‚aufpult‘, aufdeckt, so dass er diese Füße freilegt. Ich [also der Träumer als persona] beteilige mich wohl auch (mit kleinem Schaden? bin vorsichtig). Aber ein Mitarbeiter meldet sich gerade krank; das ist ungünstig fürs Geschäft.*

Kommentar: Gestern Gespräch mit der Tochter; Überraschung, dass der Stiefvater viel inniger über den letzten Weltkrieg, in dem er Soldat war, viel vertrauter gesprochen als mit dem angeblichen Sohn, dem Träumer (dem o.g. Ich). Also ein Gespräch zwischen Enkelin (auch Enkelinnen) und Opa wurde überliefert. Die fruchtlose Suche nach dem genetischen, also echten Vater des Träumers, um die es in den Unterhaltungen gestern auch ging, kann u.a. an der Behandlung dieser „Sockelfüße" festgemacht werden. Eine Lebens-, Seins-Basis in „Plastik" ist negativ. Spuren im Träumer und seine Ausführungen, Taten endeten oft mit „Pleiten" , besonders die Vatersuche. „Küchen und Elektromöbel" sind Symbole für die schwangere Mutter und für die Zeugung bzw. für den Uterus = längst schon erkaltet und weiß und tot, sowie schwierig zu händeln... Die Suche nach Vater und Abstammung ist längst keine lebendige, attraktive Sache mehr, sondern die mit ‚toten Kästen'. Der Träumer ist halt ein untergeschobenes Kind. Zu den Gaben des Träumers bzw. Handwerkers gehören auch die sexuellen Aktivitäten (neben den beruflichen und anderen), die Ergebnisse in der Vita sind nicht gerade optimal. „Küchenmöbel" und ähnlich meinen = Mutters Schwangerschaft ehemals. Der Zustand einer „Küche" verrät nicht selten grundsätzlich einen Einfluss aus Mutters Reich. Die Krankmeldung des Mitarbeiters kann als Defizit eines männlichen Teiles des Träumers gedeutet werden. Ein Penis, Phallus kann sein der ‚Mitarbeiter' eines Mannes..., aber auch sein „Schatten". Doch ein Geburtstrauma erzeugt auch später manchmal real „Krankheiten".

II: *„Ich habe ständig Angst = Ich schaffe es nicht!"*

Kommentar: Das Geburtstrauma des Mannes war = 72 Stunden von der Mutter zurückgehalten, aus Angst, dass der anwesende Ehemann an der Optik des Babys hätte erkennen können, dass hier die Zeugung durch einen offensichtlich Fremden vorlag (wie es Fakt war). Die Angst als extremer Stress lag in der Gebärenden und in dem Foetus vor (!), das geht gern gleichzeitig. Die Frucht war reif und strebte länger vergeblich zur Welt (Automatismus). Das Seelenleben, Empfinden der Frucht war = „Ich schaffe es nicht!", und zwar subjektiv aus völlig unverständlichen Gründen. Unerklärliches Versagen = eben „Pleite" (vgl. I). Diese Urangst zieht sich als Hintergrund durchs ganze Leben: Beruf, Partnerschaft, Ausbildung etc. pp. Hier also sehr direkt und deutlich formuliert. In vielen Träumen wird so etwas nur kaschiert dargestellt. „Angst" wird gern verdrängt. Auch dass später im Leben Krankheit die Laufbahn des Träumers dominiert oder wenigstens eine beachtliche Rolle in der Vita spielt, kann ersehen werden. Die „Angst", vom Uterusdrama her (!), ist die unbewusste Psyche dieses Träumers. Wieweit teils bewusst und anerkannt, lasse ich hier dahingestellt. Das Leben ist von der unbewussten Sorge geprägt, dies und das, alles Mögliche, nicht zu schaffen… Charakter und Erotik sind quasi erfüllt von der Pleitensorge. Ängste führen natürlich auch gern einmal zu besonderen Anstrengungen, ja zu Höchstleistungen, als Kompensation…: das wollen wir nicht vergessen zu erwähnen.

Wir finden in I, dass der Träumer einen „kleinen Schaden" immerhin bei sich konstatiert und dass er „vorsichtig" ist. Das ist sehr realistisch gesprochen. Er weiß um seine (verschobenen, verdrängten) „Pleiten" – aber er kommt doch leidlich durchs Leben, denkt er jedenfalls; er hat sogar ein (Hetero-) Sexualleben, aber dies wird mäßig sein und nicht ohne (letztlich unerklärliche) Versagens-Ängste. Beim „männlichen Handwerk" stellen sich die Mängel, eher leicht verschoben, verdrängt, vor. Er schleppt dieses kuriose Möbellager als psychische Inhalte, als Urprägung mit durchs Leben. Solche Ballaste haben viele.

Für wie viele Ehen, d. h. Scheidungen, ist das Geburtstrauma verantwortlich!? Auch für nicht wenige „Pleiten" im Beruf und Leben, sogar für Krankheiten… In den versteckten „Plastik" Fuß-, Basis-Anlagen steckt das Trauma. Es kann in der Regel nicht bewusst ergriffen, beschrieben werden. Selten wird es „ausgepackt". Nur als kurioser Ballast taucht es im Bild, im Traum auf, etwa als sinnlose „Schränke". Der Träger des Komplexes „gibt" das Trauma „weiter", an seine „Verwandten" bzw. er projiziert es heftig auf andere. Messbar, bemerkbar ist allenfalls eine Grund-„Angst" in sich selbst. Die (psychischen) Pleiten registriert der Träumer auch, aber er kann die

Gründe dafür nicht wirklich nennen, sie sind eben unbewusst. Immerhin kann er etwas fühlen, das ist die „Angst". Und er hat eine Zielrichtung, wo er angestrengt kompensieren kann.

KAPITEL 6

Traum von Bill P. (20.7.24)

Stichworte: **Arsch, Scheide, Treten, Bruder**

Traum I: *Ich sehe vor mir den nackten Hintern – „Arsch" heißt es wörtlich im Traum – einer Frau, die könnte Anteile meiner Partnerin haben, überhaupt, generalisiert: irgendeiner Frau -. Sie zeigt mir primär ihre Scheide = überdimensional behaart (a) sowie überdimensional groß (b). Die ganze Szene war beherrscht von diesem (Traum-)Bild.*

Kommentar: Das ist das Geburtstrauma. Eine unbewusste, aber starke, prägende Erinnerung. Dazu muss man wissen, dass das Aggressionspotential eines Lebewesens in den Genitalregionen quasi lokalisiert ist. D.h. eine kastrierte Person ist brav und zahm, hat vieles an Ego und Aggression weitgehend verloren. Man denke nur an den Ochsen. Als Stier taugt er vielleicht für den Stierkampf, als kastrierter Ochse kann man ihn vor den Karren spannen – er gehorcht. Ein Pater und eine Nonne geben mit dem Sexverzicht auch die aggressive Durchsetzung ihres Egos auf. Ein (körperlich oder seelisch) kastriertes Lebewesen lebt quasi untergeordnet. Aggression, Aggressionsfähigkeit und Sexualinteresse, sexuelle Konkurrenz, Rivalität und die Durchsetzungsfähigkeit des Egos, überhaupt das sogenannte „blanke Ego" gehören zusammen! Deshalb kann man träumend und bildlich sagen: das Genitale ist auch ein Archetyp für Aggression und Sex, für genau diese beiden

Eigeninteressen. Im Traum, wie man weiß, laufen alle Erkenntnisse in symbolischen Bildern, also in Gleichnissen(!) ab. Das Symbol „Genitale" hat also unbedingt eine tiefere, trans-zendierende, überschreitende Bedeutung; in ihm sitzt der Egowille (auch als Kern-Luststreben zu bezeichnen).

In diesem Traum ist dargestellt, wie heftig und aggressiv die Mutter damals mit ihrem Unterleib die Geburt verweigerte, blockierte, man könnte sagen: in Wut! Das würde es treffen. Diese unbewusste, jedoch erklärbare „Furcht vor Frau" verliert der Träumer als Teileindruck niemals im Leben. Sie ist die Ur- und Ersterfahrung. Mehr oder weniger muss er permanent beim Sex mit einer Frau dieses Seelenkostüm überwinden. Er wird sich sowieso eine gern aggressionsbereite Partnerin wählen – weil ihm solches vertraut ist (Wiederholungszwang!). Die über-dimensionierten „Haare" und die „Größe" der Scheide betonen die außerordentliche, gefährliche Macht der Mutter. Tagelang blockierte sie damals tatsächlich die Geburt; das war keine Unfähigkeit, Krankheit damals, sondern die Frucht empfand es, völlig richtig, als Aggression, Großgefahr, Widerwille gegen das Gebären – solches ist meist nur in Träumen sichtbar, die Mütter erzählen ja gern irgendeinen Sermon (Träume zeigen aber die Wahrheit). Aus diesen und ähnlichen Geburtserlebnissen entstehen oft Frauen, die jede Geburt vermeiden oder Schwangerschaften dauernd ‚verlieren', sowie symbolisch kastrierte Männer. Fürs ganze Leben sind solche Personen geschockt, unbewusst geprägt.

Traum II: *zum Stichwort* **Treten**
„Mir gegenüber am Tisch sitzt mein (Halb-) Bruder H. Überraschend tritt er mich in der Weise, dass er unter dem Tisch seinen Fuß anhebt, sein Bein ausstreckt, mich mit den

harten Sohlenstollen seiner Bauwerker-, Arbeitsschuhe am
Bein verletzt, am Knie trifft. Ich bin geschockt! Gehe in die
Küche, setze mich auf einen Stuhl. Als meine Mutter in die
Küche kommt, beginne ich zu weinen.

Kommentar: So der Träumer: Das ist die Ablehnung durch meinen Halbbruder, stellvertretend für seinen leiblichen Vater, der mein Erzeuger nicht ist, trotz Familienzugehörigkeit und Name, der also (nur) mein Stiefvater ist (war). Logischer-weise, als Synchronizität, Schicksal, unbewusstes Symbolon hat der Träumer eine größere Sportverletzung genau am „Knie". Auf Dauer haben alle seelischen Verletzungen die Tendenz, somatisch zu werden... An unseren Wunden und Verletzungen können wir gleichnishaft die Schäden unserer Seelen ablesen! In Träumen ist natürlich die Symbolik noch sprechender. Sehr sprechend ist hier: „unterm Tisch" = Die Ablehnung, auch Aggression des Stiefvaters geschah verdeckt, getarnt, heimlich. Dem Stiefvater und zumal der Öffentlichkeit gegenüber galt der untergeschobene Träumer als echter Sohn. Erst nach Jahrzehnten erfuhr der Träumer die Wahrheit. Die Mutter wusste natürlich geheim Bescheid über die Fakten. Scheinbar weint er ohne zu wissen, warum. Es verwundert uns nicht, die Tränen sind voll zutreffend. Es weinte auch schon der Träumer in der „Schwangerschafts-Küche" seiner Mutter", nämlich die Tränen seiner unglücklich geschwängerten Mutter damals, parallel in seinem Uterus. Die Gefühle der Schwangeren und der Frucht sind im Prinzip grundsätzlich identisch.

Wie die Pubertät, Männlichkeit eines Pseudo-Sohnes ablief, den der Pseudo-„Vater", als immerhin gedachtes Vorbild, heimlich „trat", und auch verletzte – kann man sich denken. Die Mutter ist der richtige Hort für seine Tränen. Sie ist „echt" und „Mutter". Sie weiß um sein Leid und um die ganze

Lügen-Mafia, die ihn als echten Sohn seines Pseudo-Vaters verkaufte. Aber die Mutter log in der ganzen Sache mit, gar lebenslang, da bleiben nur sprachlose Tränen, keine Aufklärung. Tränen sagen etwas aus, aber sie sind wortlos.

KAPITEL 7

Traum v. K. Türk (28.8.24)

Stichworte: **Flugzeugabsturz,
Pferd, ein Freund**

Seine Mitteilung über einen Traum, den er schon oft geträumt habe, 4 bis 5mal:

„Ich stürze in einem Flugzeug ab und überlebe dennoch das Geschehen. Zuletzt also bin ich in einem Flugzeug, und mein Freund ist mit dabei. Wir sind ergo nur zwei Passagiere. Mein Freund steuert das Flugzeug, und als ich ins Cockpit laufe, bemerke ich, dass dieser Freund zum Landeanflug ansetzt, bereit ist. Aber dort, wo er landen möchte, gibt es keine Landebahn! Unten zeigt sich bewohntes Gebiet mit Häusern. Ob mir bekannt, kann ich nicht sagen. Ich ergreife nun direkt das Steuergerät des Flugzeugs und steuere das Flugzeug quasi entgegengesetzt der Landerichtung, wieder nach oben. Es ergibt sich nun ein deutliches Auf und Ab, bis ich schließlich mit dem Flugzeug irgendwo da lande. Es gab jetzt nicht wirklich einen Aufprall. Sondern ich erzähle später, innerhalb des Traums, meinen Freunden und auch sonst Leuten, die bei mir in der Umgebung sind, dass ich mit einem privaten Jet herumgeflogen bin und dass ich eine Sturzlandung oder so etwas Ähnliches mit dem Flugzeug gemacht habe. Bei der Landung war ich aufgeregt und hatte auch etwas Angst, aber genau kann ich mich nicht erinnern, wie genau das Flugzeug gelandet ist.

*Ich weiß nur, dass ich davon in aller Ruhe erzähle, inner-
halb eines Traumgeschehens, als wäre es etwas Normales.*

*Einige der Träume zeigten Varianten: Einmal bin ich mit ei-
nem Flugzeug ins Meer gestürzt, habe aber auch überlebt.
Außerdem bin ich in einem Traum „luzid" geworden und
hatte dann einen klaren Traum und konnte diesen steuern.*

*Und mehrmals habe ich in meinen Träumen ein Pferd ge-
sehen, das mal neben mir war oder auch entspannt an mir
vorbei lief.*

Kommentar: Eine offensichtliche Geburtserinnerung. Wir
kommen aus dem Off. Von irgendwoher „landen" wir auf der
Erde. Das Pferd (Archetyp) ist die Mutter, die entspannt auf-
tauchte, agierte, d. h. sie gebar wohl unter Vollnarkose.
   „Sie lief vorbei" ist = wie unbeteiligt. Aufregung und Angst
werden zugestanden. Übers zentrale Geschehen gibt es eine
große Erinnerungslücke. Sowohl die Mutter als auch der Träumer verdrängen, beschönigen die Ereignisse sehr. Entgegengesetzt sich nach oben und in andere Anflugrichtung sich zu bewegen, ist eigentlich tödlich, ist jedenfalls krasse Antigeburt.
Das Drama bei der Geburt wird verharmlost. Bei dieser ging
es nicht weiter, stockte es enorm. Es gab eine Bewegung zur
Welt, zum Leben hin – und umgekehrt eine zurück, wie parallel
sowie konträr. Die Landerichtung zeigte sich entgegengesetzt,
und das Landeerlebnis fehlt, sic. Es ging eben zwischenzeitlich
zurück „nach oben", das sagt genug. Wir kommen spirituell
und bildlich von oben, vom Himmel. Das Auf und Ab, die zwei
Richtungen, das Hin und Her sind geradezu typisch für kon-
trastreiche Geburtsbewegungen. Dabei muss man davon aus-
gehen, dass die Natur des Kindes nur absolut eine Richtung
erstrebt (bildlich nach unten)! Die belastete, hochverstresste,

unfähige Mutter aber blockiert. Es scheint zurückzugehen, unfassbar für eine Geburt, für den Foetus, der mit aller Macht draußen landen will... Die Landung selbst kann nicht beschrieben werden: Lücke, Ohnmacht, Medikamente, ärztliches Eingreifen, Erinnerungs-, Erlebnismangel. „In aller Ruhe erzählen, als wäre es etwas Normales" – war es aber nicht, es war ein Geburtstrauma, davon erzählt aber niemand. Da sind sich Mutter und Sohn einig. Psychotherapeutische Sitzungen sollen es in diesem Falle bringen. Die Geburt, Vorbild und Basis für Pubertät, Erwachsenwerden, Sexualität, als Grundlage für später, wird übersprungen. Solange dieses Erlebnis im Unbewussten fehlt, fehlt dem Träumer das Urmuster für eine Reihe von unbewussten Handlungen, Lebensprozessen. Hier ist diese Basis tatkräftig verdrängt, Therapieerfolge müssen warten. Die Wahrheit würde heilen, nicht die Lücke.

Der „Freund" ist seine Schattenpersönlichkeit (könnte auch ein Zwilling oder eine Vorinkarnation sein), die spontaner zur Geburt strebt, sagen wir: seine unbewusste Natur, die natürlich unbedingt das Überleben versucht.

In der Variante, in der das Flugzeug ins Meer stürzt, ist die Todesgefahr immerhin etwas deutlicher gesehen. Natürlich war es hochkritisch bei dieser Geburt, aber eigentlich ärger. An der Schwelle, wo man das Jenseits verlässt, hat man einen „luziden" Moment, das kann man bestätigen (das wussten schon die Anthroposophen). Dort erlebt man übergeordnet, was real los ist – und kann im Traum (oder auch vielleicht unter Drogen) davon erzählen. Aber später im Bett, mit Partner(in) hilft das Luzide wenig.

KAPITEL 8

Traum von Maria Do. (1.9.24)

Stichworte: Strampeln. In Kiste. Verluste. Bergauf, bergab

> *In einer Art Kiste, in der sie liegt, zum Fortbewegen per Füße, Strampeln, geht es bergab recht gut – aber dann bergauf nicht mehr! Währenddessen verliert sie alle möglichen Teile, Zutaten des Gefährts. Zu mühsam ist schließlich alles.*

Kommentar: Das Thema ist ein Verlust, der bedeutend ist. Es geht um einen Geburtstraum, wo am Ende, „am Berg" der Letztaktion, sie und die Mutter damals versagten. Nur Vollnarkose half damals noch, real; keine Aktivität mehr von der Mutter…

Gestern Auseinandersetzung mit dem Partner, der über die vielen Zutaten, Accessoires, Sachen schimpfte, die sie unnötig, vielleicht manisch, kauft, für Deko u.a.m. Insbesondere hat sie faktisch Hunderte Paar Schuhe: vgl. dazu das „Strampeln" im Traum! „Schuhe" sind ein Sexual-, Körper-Symbol, ein Unterleibssymbol, auch ein allgemeineres Aktivitätssymbol. Die Träumerin berichtet im Gespräch beiläufig, dass eine erwachsene Tochter mit dem kleinen Bruder stritt über die je stärkere Bindung zum Vater. Der Freund der Tochter habe ihr damals geraten, den Kleinen nicht zu ernst zu nehmen; der war ein Spätgeborener, von einer anderen Mutter. Aber diese Bekannte weinte seinerzeit oft über die Angelegenheit… Immerhin hatte sie eine enge Beziehung zum Vater, dem sie wie ein genetisches Doppel glich.

Man könnte sagen: das Traumbild vergleicht sich mit einem Seifenkistenrennen. Das Defizit in den Fuß-, Beinbewegungen hat die Träumerin von ihrer Mutter „geerbt" – u.a. als gewisses indirektes sexuelles Desinteresse, Gering-Interesse. Als Kompensation kann man auch eine gewisse Kaufsucht der Träumerin begreifen. Es fehlen ihr sowohl das Geburtserlebnis, als unbezweifelbare körperliche und seelische Prozess-Erfahrung, als Verlauf und massiver Eindruck (für immer), als auch das Gestilltwerden an der Mutterbrust. Nicht selten haben Kinder mit einem Geburtstrauma auch ein Mutterbrusttrauma: beides tritt gern zusammen auf, weil sie auch innerlich zusammengehören, verknüpft sind; sie weisen auf ein Generalthema in der Seele der Mutter hin. Als sozusagen orale Folge küssen die Betroffenen später sexuell nicht betont oder eben nicht gern... Mit Kaufen, Sammeln, Horten, mit zuviel Dekorieren kompensieren solche Personen nicht selten. Tanzen, Singen und Schuhe, auch Sport/Bewegung haben als Ausgleich ebenfalls eine große Bedeutung. Der Verlust als Ausdruck des Geburtstraumas wird später gern mit diversen Zutaten, Anschaffungen kompensiert. Zum o.g. Streit mit dem Brüderchen: Zu diesem Grundsatzthema ist nachzutragen, dass manche Kinder als Junge, nicht als Mädchen erwartet, erhofft waren. So war auch die Träumerin als Mädchen eine Enttäuschung für die Mutter. Diese Mentalität kann sich unbewusst in einer Geburtsproblematik, Brustproblematik niederschlagen, natürlich nur neben vielem anderem. Gerade die Passivität, schockierende Bewegungslosigkeit mitten im Geburtsprozess – Narkose stoppt ja die Aktivität – ruft nach Überwindung, Kompensation, am besten durch „Schuhe, Joggen, Strampeln" und ähnlich, Auf einmal oder plötzlich war die Fortbewegung damals in dem Kistenfahrzeug = in dem Uterus abgebrochen, als es anstrengender wurde, d.h. gegen Ende eines möglichen Geburtsprozesses. Ab da lief nichts mehr rund. Gefühl, als würde das Kind / der Foetus viele Ausrüstungsgegenstände verlieren: Vollnarkose lähmt eben. Die Träumerin hat die Bewegung im Geburtsprozess „verloren", symbolisch in der Traumsprache: als würden Fahrzeug-Teile verloren gehen.

KAPITEL 9

Traum von Bill P. (16.8.24)

Stichworte: **Bock-Kampf.**
Kleinkinder-Rettung

I: *„Ich kämpfe mit einem Bock. Bin hinten an/in unserem Garten Rhb. [„hinten" symbolisiert Kindheit, Jugendzeit] am Zaun, am grünen Maschendrahtzaun. Ein seltsamer ziegen-, widderartiger Bock ist im dort angrenzenden Garten/ Zaun. Und auf Dauer merke ich, dass der kämpft mit mir! Ich will das kaum – aber muss mich verteidigen. Hektischer Kampf! Teils ist der Bock hinter einer (gleich hohen) Bretterwand. Komme ich aber schlecht an ihn ran? Am Ende recken sich 2 kleine Kinder, Kinderhände aus/hinter/an dem Holz. Dürften von 2 bestimmten Kindern, Mädchen von mir stammen, von XX und YY...Diese retten mich indirekt.*

Kommentar, Symbolsprache: Gartenende, hinten, Gartenanfang = Kindheit, Lebensanfang, Geburt. Ein Retourtraum; aber auch sonst abgelegen, mental fern meint dieser Gartenrand. Den Kampf mit dem Teufel focht ich tatsächlich bei meiner schwierigen, bekämpften (!) Geburt aus... Auch hatte ich damit zu tun, dass mein Stiefvater mich tendenziell ablehnte. Als er später noch weitere kleine Mädchen mit meiner Mutter zeugte, legte sich sein Groll etwas; auch diese Kinder dürften mit-gemeint sein. Allerdings primär dürften meine eigenen Töchter gemeint sein, die hundertprozentig an meiner Seite stehen, wie umgekehrt ich für sie. Also „Kind"-Auftreten rettet mich, rettete mich damals.

Aktuell – das muss man natürlich immer berücksichtigen (vgl. den sogenannten „Tagesrest"bei S. Freud) – könnte mich, den Träumer, auch jemand „bekämpfen"; das kommt ja nicht so selten vor. Eine Frau, ein Mann?

Die Schwangerschaft meiner verheirateten Mutter durch einen Fremden war damals sehr ungewollt... Ähnlich „bekämpft" war dann logischerweise meine Geburt. Teuflisch war die Attacke gegen mich, meine Existenz auch, weil sie auf Lüge fußte, ich wurde verkauft als Kind des Ehemannes. Dieses „Gartenende" muss eine ganz frühe Zeit meinen. Dass meine schwangere (verzweifelte) Mutter mich „zum Teufel wünschte", auch gewisse Abtreibungstendenzen unternahm, kann nicht bestritten werden.

Erstaunlich natürlich, dass für mich modernen, akademischen, aufgeklärten Mann der alte Archetyp des „Bocks" automatisch, sagen wir aus unbewussten historischen Tiefen, als Feind, ja echt als „Teufel", auftaucht. Dieser alte Archetyp hat es also in sich. Sind die auffallenden Hörner das Kämpferische? Ich war früher gegen die teuflische, aversive Umgebung gegen mich machtlos: Ungewolltes Kind zu sein, ist mein Schicksalsbogen. So begann ich; bei meiner Geburt trieb sich sozusagen ein Teufel im Zimmer herum.

Real, historisch: in dem angrenzenden Garten wohnte früher eine Frau K. die ein behindertes Kind gebar. Zusammenhänge?

Die Bretterwand deuten wir als „Holz" primär oder jedenfalls auch, und dann ist mit Holz (= Archetyp) oft Leben gemeint; also ich überlebte bei der Geburt und später. Eine rationale Begründung, wieso mich zwei kleine Mädchen retteten, gar speziell meine Töchter – kann ich nicht einfach aus dem Intellekt folgern. Das „Kindliche" rührt eben alle Personen, auch aversive, das wird's wohl sein… Mitleid mit einem Kind, also auch früher mit mir, das dürfte mich gerettet haben.

Nun präziser zu den 2 Kindern, X und Y: Bei beiden Geburten war ich Vater dabei (teils indirekt) und unterstützte also ergo die Schwangere. Bei meiner Geburt damals war die Mutter dagegen mutterseelenallein. Der Erzeuger war entschwunden, wurde auch total verleugnet, der Ehemann musste ungefähr während der Geburt, oder bald, an die Front zurück, lief eben auch pseudo-, nur als angeblicher Vater. Die Mutter selbst war übrigens seinerzeit ebenso fremdgezeugt und vom genetischen Vater, in der Rolle ihrer Mutter als Kölner Dienstmädchen vom Lande, verlassen worden, mit Hochstress für die Schwangere, Gebärende. Ich selbst war bei einem dritten Kind nicht ganz direkt anwesend (nur im gleichen „Geburtshaus", immerhin). Aber genau das stellen die zwei Kinder, X und Y, dar: Der Vater steht zum Kind, ist, wie direkt oder affin auch immer, bei der Geburt anwesend! Und exakt genau dies fehlte bei meiner Geburt, „ mit desem Bockskampf" damals! Diese Bildersprache im Traum ist doch optimal. Auch der Bock ist als Bild optimal: er ist aggressiv, aber er tötet in der Regel nicht. Der Teufel als Bock ist widrig und will Seelen haben, aber er killt nicht. Er verbreitet nur eine Horrorstimmung. Ein Bock frisst einen ja nicht auf, wie etwa ein Löwe. Neben meinem Geburtstrauma, das als verharmloste Geschichte der körperlichen Mutterproblematik wenig verheimlicht ist, ist also auch ein Vatertrauma für mich markant, als eine wichtige, teuflisch unterschlagene Erstursache – für ein Geburtsproblem… „Der Vater und der Teufel" – so heißt der Traum eigentlich. Das „Kindliche", als Impression, der sich niemand entziehen kann, rettet schließlich. Es rettete mich „ganz hinten, am Garten-Ende oder –Anfang" = in meiner frühen Kindheit.

KAPITEL 10

Traum von Peter L. (23.7.24)

Stichwort: **puer aeternus als Begleiter.**
Felskranz

I: *Es gibt eine Art Felskranz, ein felsiges, hohes, alpines Gebiet, wo eine Art Weg über spitz aufragende Felszacken führt, wohl letztlich als Kranz, Rundweg. Unbekanntes, nicht ungefährliches Gebiet. Ich führe, als junger (?) Mann. U.a. nehme ich pro Etappe einen Jungen mit, vielleicht ist er um die 10 Jahre alt. Den frage ich immer: „Bist du bereit, fertig, zum nächsten schwierigen Wegstück?" Ich warte also jeweils auf ihn... Er war fremd, dann natürlich später nicht mehr. Ich führe ihn also sicher. Nicht diskutiert, erklärt wird, wieso wir derart zusammenfanden. In den Felsen lebten skurrile Hippie-Jugendliche, Außenseiter, nicht bürgerliche, kuriose Gesellschafts-Randexistenzen.*

Kommentar: Als gesellschaftlich tabuisiert war die anderweitig verheiratete Mutter des Träumers schwanger geworden, von der führenden Person im Ort, also von einem Prominenten, Höhergestellten. Das hatte ihr geschmeichelt. Und sie leugnete den Erzeuger und das ganze untunliche Sexverhältnis ab. Doch wo nun ihre Familie, ihr legitimer Ehemann und andere Verwandte in der Nähe des Geburtszimmers waren, befürchtete sie einen bemerkbaren Unterschied in der Genetik, im Aussehen ihres Baby-Nachwuchses. Das Kind hätte ja nicht auf den

Ehemann, sondern optisch auf den Potentaten kommen können. Dieser hatte sich auch längst seiner Verantwortung entzogen. So zögerte die Mutter die Geburt hinaus, den Zeitpunkt abwartend, an dem ihr Ehemann damals wieder in den Krieg musste...

Solche blockierten Geburten gibt es ja aus verschiedenen Gründen, nicht nur in womöglich feindlicher Umgebung, sonder meist, weil die Mutter oder ihre Vorfahren eine problematische, dramatische, gar tödliche Schwangerschaftsvorgeschichte haben bzw. hatten. Die Geburt gelingt dann erst spät oder sehr verspätet, mit Mühen, Tricks oder Arzt. „Tage über den Termin", wie man sagt, also über den errechneten Termin hinaus. Extrem selten ist das, wie man weiß, nicht. Hochstress und diffuse Angst lähmen das Geburtsgeschehen! Überhaupt alle aktuellen Begleitumstände haben Auswirkungen auf die Geburt.

Aus welchen Gründen auch immer eine Geburt deutlich verspätet ist, man wird zwei Gegenstrebungen konstatieren können: Das „reife" Kind strebt hinaus, daran kann es keinen Zweifel geben, es hat einen Impuls. Die Mutter aber ist in Stress, Verkrampfung, Angst, oder auch in einem sonstigen, ggf. übernommenen Nicht-Können und hält das Kind, das Ereignis, das Ergebnis zurück, auch nicht selten unbewusst, also gegen ihr abfragbares Bewusstsein. Wie auch immer – Foetus/Baby ist im Verzug, im Stress, ob das Leben überhaupt gelingt... Das Stoppen der angesagten Geburt durch die mächtige Mutter wird von der Frucht als Antileben empfunden, mit anderen Worten: als ein momentaner Weg zum Tod. Im o.g. Traum ist es nur ein „Weg" in ungutem, felsigem, widrigem Gelände, leider aber ein „Rundweg" sic. Dieser beschwerliche Weg über Zacken wird der Lebensweg! Der Träumer hatte als Ersterlebnis keinen Ausweg!

Wir haben in dem Traum einen Archetyp vorliegen, nämlich „Das Kind im Manne". Der Träumer muss ständig „warten", ob dieser Geist, Komplex seine Entwicklung, sein Erwachsenwerden mitmacht. Der puer aeternus bleibt ewig „jung", er sträubt sich sozusagen gegen Reifung, Entwicklung. Ich hatte in der Einleitung schon erwähnt, dass Carl Gustav Jung wie auch seine Mitarbeiterin Marie Louise von Franz eine bedeutende psychologische Entdeckung machten: Eine verspätete Geburt erzeugt (quasi automatisch) eine verspätete Adoleszenz, Pubertät. Ist das Magie, ein Wunder? Nein, es ist wieder ein Beweis dafür, dass das Geburtsmuster unbewusst in vielen Lebensstationen wieder auftaucht. Wieso man einer solchen geheimnisvoll anmutenden Struktur, also seinem Ur-Muster, im Leben unterliegt, und wie oft, das ist eine andere Frage. Die Antworten würden Schicksal, Karma, Philosophie, fast Religion berühren. Die nüchterne Bestandsaufnahme zeigt jedenfalls diese erstaunlichen Wiederholungen im Lebenslauf, geheimnisvoll verbunden mit dem Urmuster Geburtsverlauf.

Dieser Archetyp des puer aeternus, als Weibliches puella aetrna, hat viele Namen bzw. Erscheinungsformen. In der antiken Mythologie und Dichtung ist er schon oft erwähnt, z.B. als Kind-Gott, als Gott der göttlichen Jugend, als Eros, Adonis oder als Gott der Auferstehung; später vielleicht als „Peter Pan" oder „Der kleine Prinz" von Saint-Exupery. Er ist ein psychologischer „Schatten", zumal das Alters. „Das göttliche Kind": so kann man den Schatten im Traum nennen. Aber natürlich ist es bipolar, es hat sein Negativum auch. Meistens hat es einen unbekannten oder verdrängten Vater, genau wie der Träumer im o.g. Beispiel, es hat starken Mutterbezug, es kann auch von der Weisheit abstammen. Also viele schillernde Eigenschaften trägt der Knabe, der puer. Er gehört zu Männern, die niemals erwachsen werden... Im genannten Traum muss das Ich ständig Rücksicht nehmen auf den Kindgeist, auf diese

Art Innerer Stimme – das ist realistisch. Auf seinen Schatten, den puer aeternus muss ein Mensch ständig „warten"! Genau wie der Träumer innerlich ständig auf ihn wartet. Er verzögert die Entwicklung, u. a. die Adoleszenz...

Wenn die Mutter die Geburt verzögert, hat sie einen mentalen Inhalt in sich, einen Geist, dürfen wir sagen, der blockiert, der „nicht will". Ob nun dieser Geist im Bewusstsein sitzt oder im Unbewussten anzusiedeln ist. Das Kind, das hinaus drängt, empfindet diesen Geist als Gegner, als widrigen Geist, no doubt.

Es gibt auch noch diese Kausalkette im Unbewussten: Damals beim begehrten, erstrebten Sex gab es einen Parallelgeist in der Mutter, der sagte: „aber ich will nicht empfangen, nicht befruchtet werden"! Wir finden also eine Kette, einen Kontakt, eine Affinität, eine Verwandtschaft vor zwischen Erzeugung und Geburt! Und zwar in dieser Art Nicht-Wollen. Die Symbole, Mentalitäten bei der Empfängnis und bei der Geburt gleichen sich. Die Blockierung bei der Geburt hat eine Parallelität zum Gedanken beim Sex damals: Zeugung möglichst blockieren.

Also nicht nur nach C.G. Jung steht fest: Die Pubertät, die erotische Reifung, die Sexualität verzögert sich. So geschah es auch faktisch beim Träumer. Während seine Klassenkameraden schon einige Jahre lang Männer waren, gab es diesen Zustand für ihn erst mit 18, 19 Jahren. Er litt fraglos unter dem Mangel, Abstand, Unterschied. In der üblichen Jugend-, Schulsozialisierung fiel er beinahe aus dem Spiel. Ärger als ein paar Jahre Verspätung ist aber die Minderung überhaupt bezüglich der Sexualität. Sie vergleicht sich mit dem Trauma einer Geburt mit Kaiserschnitt oder in Vollnarkose, welche ein symbolisches (und praktisches) Fehlen des Geburtserlebnisses sind. Die Letztgenannten haben erfahrungsgemäß eine schwache, verminderte Erotik. Die Aspekte ihrer Sexualität zeigen: Die

Erotik ist eingeschränkt – liegt aber nicht bei Null. D.h. der Geist der Gegenkräfte bei der Empfängnis und bei der Geburt ist weiter tätig; man muss konstatieren: er scheint schwer löschbar. Das schreiben wir hier nieder, um den Jungschen Ansatz zu erweitern, was leider notwendig ist, und um allen ähnlich Betroffenen zu helfen: Bei einer Geburt viel zu spät „über den Termin hinaus" nimmt die Sexualität generell für später Schaden! Der Träger der Sexualität hat daran keine Schuld. Es liegt auch nicht am Sexualtrieb generell. Sondern der Casus, der Kern des Problems liegt im Geburtsverlauf, im Geburtstrauma, im Verzögern... Die Sexualität der betroffenen Person enthält einen (nicht gewünschten, unverstehbaren) Stressfaktor – tief unbewusst ist es der gleiche wie bei der Geburt. Er taucht in der Adoleszenz wieder auf. Im o.g. Traum ist es das „Warten" auf das Kind in der erwachsenen Person... Es sind unbewusste Prozesse, zum Warten und Zögern, die wir rational nicht im Griff haben. Der puer aeternus ist rational nicht beherrschbar.

Im Traum sind der Felszackenweg und die Gefährlichkeit der Gegend sowie das Zögern des ewigen Kindes, hier des 10jährigen vorpubertären Jungen, Indikatoren für die Eingeschränktheit der Aktionen. „Gesellschafts-Rand-Existenzen", so könnte man sagen, wie im Traum, werden mit der geminderten, vom Üblichen abweichenden Sexualität geschaffen. „Außenseiter" sind sie im ansonsten in der Welt herrschenden, dominierenden Sexgetriebe. Der etwa 10jährige Junge ist nicht nur zeitlich verspätet, sondern auch inhaltlich geschwächt, eingeschränkt! Seine drohenden Schattengeister, die ihn erobern könnten, sind die unbürgerlichen Außenseiter im Traum, im Bergrundweg.

Ob er je „fertig" wird für das nächste Wegstück? Mit etwas Glück Ja, einigermaßen wohl. Aber er wird nie ein Sexkönig. Eher wird er seine Partnerin später im Bett nicht genügend zufriedenstellen. Vermutlich landet er nach ein paar Ehejahren in

der Scheidung. „Der ewige Junge" ist als Ehemann schwierig...
Gleiches gilt für die puella aeterna. Der Lebensweg des zögern-
den Jungen in der Felsenwelt ist fragil. Vielleicht hat er Glück
und hat wie das göttliche Kind auch seine Genialitätsaspekte.
Irgendwo, irgendwie hat er Führungskraft, wie im Traum, in
welchem er anscheinend jung ist, und zwar deshalb, weil das
Problem in seiner Jugend sich artikulierte. Seine Jugend = Pubertät war eingeschränkt.

KAPITEL 11

Traum von Peter L. (5.8.24)

Stichworte: Fahrrad. Allein. Lok steht.
Richtung? Frauen reinigen

> I: *Ich bin 16 km entfernt von meinem Ziel, von meiner Gruppe, die wohl aus Familienteilen besteht. Ich bin in Österreich (Berge) unterwegs, mit meinem „Fahrrad". [Das bedeutet immer als Archetyp, dass man psychisch als eine Art Single agiert]. Welche Richtung muss ich wählen?! Sehe fern auf eine rote Eisenbahn-Lok – „die steht". Ich müsste über ein Hochhaus, heißt es, müsste dies passieren. Ein oder zwei Frauen sind im Moment in dem / in einem Zimmer. Es sind Frauen zum Reinemachen, etwa Hausfrauen. Eine, die raucht, frage ich viel, aber sie antwortet für mich unbrauchbar... Ein Mann, ziemlich inaktiv, ist auch da.*

Kommentar: Das passt zum vorherigen Kapitel, Traum: Die tagelang blockierte Geburt des Träumers erschöpfte sich in dem Hochstress der „Richtung": die Mutter hielt die Frucht zurück – das Kind wollte entgegengesetzt aus dem Uterus hinaus, in eine andere Richtung also! Das ist ein Muster des Hin und Her, das den Träumer ein Leben lang verfolgt... Im „16". Lebensjahr war er von seiner Pubertät noch etwas entfernt; das belastete ihn damals .Er hat keine Unterstützung, sondern ist allein mit dem „Fahrrad" (s.o.) im Hoch-Gebirge, d.h. im

Hochstress. Das „Hochhaus" ist die ungeheure Hürde, die der Junge für seine Geburt überwinden musste: es grenzt an Irrsinn, an ein Wahnsinnsgebäude, an Aberwitz. Ähnlich wie das Problem, die Pubertät zu erreichen. Die Zahl „zwei", hier bezüglich der Frauen, verspricht selten etwas Gutes in der Traumsymbolik. Es geht um seine Mutter, die fragt er nach seinem unbekannten Erzeuger, nach seiner Geburt und Ähnlichem. Tja, das Rauchen, auch real, ist die Ersatzhandlung der Mutter. Sie ist beschäftigt mit „Reinemachen", d.h. sie will ihren damaligen Fehltritt, die ganze Lügerei (gegen den Sohn, gegen den Ehemann, den falschen, vorgeblichen Vater) kaschieren, löschen! Eine Putzfrau vernichtet eben alle Spuren. Die rote Eisenbahn-Lok ist ein Symbol für die Mutter, insbesondere für die voluminöse Schwangere. Diese „steht": d.h. die Mutter hat sich bei der Geburt nicht bewegt! Sie hat den Geburtsprozess, in dem sich das Kind bewegte, bewegen wollte, **blockiert!** Die Frucht hat natürlich zwei Seelen in der Brust: die eigene und die der Mutter. Die Frucht fühlt, meint (und träumt später), sie selber hätte die Wahl zwischen zwei Richtungen. Das Unbewusste der Frucht und das Unbewusste der Mutter sind noch eine Einheit. Auch lange danach noch sind die Psychen der Mutter und des Babys eine Einheit. Das Hochhaus in den Bergen mit dem Fahrrad überwinden: das war die Geburtsanstrengung des überforderten Peter L. Dieser „Mann", ein genetischer Vater oder der spätere Stiefvater, er spielte in diesem Komplex nur eine Nebenrolle.

Die Tragik ist eben, dass ein Mensch manche Aporien, Schwierigkeiten, auch Katastrophen, Unfähigkeiten als seine eigenen übernimmt, vermutet, mit größter Selbstverständlichkeit, während er ein von den Umständen, z.B. den Eltern, „gemachtes" Wesen ist. Er ist ein abhängiges Produkt, darf ich einmal verschärft sagen. Niemand hat sich selbst erzeugt, hergestellt.

Für Träume ist das typisch, dass alle oder viele Faktoren als „Ich" und Wille des Träumers auftreten, sie ziehen dies Kleid an, obwohl es von anderen Menschen und Kräften gemachte Faktoren sind. Es hat wahrscheinlich damit zu tun, dass alle Lebewesen, besonders auf Menschen-Level, ein Ich haben, anders nicht denkbar sind. Mit jeder Schöpfung, so möchte man sagen, hat Gott dem Geschöpf auch ein Ichbewusstsein gegeben, ohne dieses, wenigstens rudimentär, fühlt es sich als ein Nichts. Ohne Ichbewusstsein, ohne irgendeine ich-förmige, ich-ähnliche Identität kann ich auf mein Geschaffenwerden gar verzichten – oder? Das Ich ist der Kern eines jeden Lebewesens! Kein Wunder, dass es vielfach wahnsinnig über das Ziel hinausschießt.

Die 16 kann ich als Traumdeuter eher wenig erklären. Gab es zuletzt eine hochstressige Endzeit von den letzten 16 Stunden bei dieser verzögerten, blockierten Geburt? Hatte das Zimmer im Krankenhaus die Nr. 16? Recht abgehoben, gewagt könnte man die 1 als Ich und die 6 als Vorgriff auf die spätere Sexualität deuten, die ja ihren Kern im Geburtserlebnis hat; 6 und Sex als Appendix zur 1, zur Person, das wäre denkbar. Evtl. geht es bei der 6 aber auch um die geleugnete Sexualität der Mutter bei der Empfängnis. Das Ich, die 1, als Folge der 6, der vorangegangenen Sexualität? Aber wie ich eingangs schrieb, das Motiv „entfernt" ist bezüglich der 16 wichtig. Die Mutter hat ihre Fremdschwangerschaft geleugnet, verdrängt, das war ihr „Reinemachen".

KAPITEL 12

Traum von Maria Do. (21.8.24)

Stichworte: Alte Frauen, Schubladen, Plastiklöffelchen

I: Sie räumt ständig für alte Frauen auf. Beschäftigt sich mit deren „Schubladen". U. a. haben die Frauen in den Schubläden kleine, gebrauchte Plastiklöffelchen gesammelt, gehortet, wie man sie früher bei Eisbechern hatte...Andere weibliche Personen sagen, raten ihr, mit solcher Tätigkeit aufzuhören.

Kommentar: Das Trauma der weiblichen Vorfahrinnen von Maria ist: Lust-, Sexmangel, bzw. im Prinzip ein klassisches Oraltrauma! D.h.: nicht gestillt an der Mutterbrust, wie auch real die Träumerin es selbst erlebte. Sie trägt, führt fort ein Familientrauma. Sie fungiert als Ersatzperson, Helferin, leider viel zu sehr im Dienst der Mütter und Großmütter, ohne um dieses Engagement konkret zu wissen. Vielfach kann man beobachten, dass Kinder die Traumata ihrer Eltern übernehmen, d.h. sie können diesen quasi nicht ausweichen, es ist keine bewusste Entscheidung. Sondern es ist familienpsychologisch wie vorgesehen, dass Kinder die Schmerzen, Wunden, Defizite der Vorfahren automatisch übernehmen und in der Regel auch heilen, reparieren wollen. Solch eine Art Automatismus herrscht zwischen den Generationen, wie umgekehrt auch die Alten ihre ungelösten, speziell die unbewussten Traumata an die nächste

Generation weitergeben, ebenfalls automatisch, unbewusst. Also es laufen permanent „Übertragungen", in Familie, Clan, wie der Fachmann weiß! Zur Erkenntnis braucht man nicht einmal eine Sitzung im „Familienstellen". Das Maß, inwieweit ein Nachkomme ein Trauma übernimmt, mäßig, beiläufig oder stark, ist natürlich verschieden. Nicht vergessen darf ich nebenbei die wichtige Bemerkung, dass ein Mutterbrusttrauma in der Regel auch auf ein Geburtstrauma verweist bzw. dieses denn doch verrät... Das trifft auch auf unsere Träumerin zu. Neben dem Brusttrauma gab es zuvor ein arges Geburtstrauma. In Vollnarkose, weil es nicht weiterging, gebar die Mutter. Also so bewusstlos erlebte die Frucht ihren Ausgang, ihre Aktion, d.h. in einer bestimmten Ebene wie „nicht"... Statt des zentralen Geburtserlebnisses gab es eine Lücke... Auch das eventuelle Gestilltwerden bestand nur aus Lücke. Ebenfalls nicht vergessen will ich die Bemerkung, dass das Sexinteresse der Träumerin insgesamt merklich schwach war. Kein Wunder bei dieser Vorgeschichte.

Die kluge Träumerin kann aber ihr real auffälliges Speise-Eis-Interesse, ihre reale Bedürftigkeit relativieren, erkennen. Sie kann sich kritisch sehen, eine schöne und seltene Gabe. Besonders im Traum ist man ja eh' der Wahrheit näher, d.h. auch der Eigenkritik. Sie erkennt, dass das Oralmedium, die „Löffelchen", aus „Plastik" bestehen (a), d.h. ungut, unecht sind, Ersatz sind und dass andere weibliche Personen ihr raten, mit dieser Art des Sammelns, Kompensierens aufzuhören (b). Sie weiß also einerseits: die beabsichtigte Heilung des Traumas, besonders bei ihren Müttern, für ihre Mütter, gelingt nicht. „Plastik" ist als Archetyp negativ, unbrauchbar, uneffektiv." Andere Frauen" sind ein unabhängiger, nüchterner Geist in ihr, der ihre auch vorliegende Nicht-Abhängigkeit zeigt – wenigstens potentiell, ihr eigenständiges Anders-Sein. Natürlich hat man nach einer Babyzeit mit Brust-, Oraltrauma später oft ein typisches Essproblem. Magersucht und eine ständige, die Mitmenschen schon nervende Sorge bzgl. Abnehmen und Zunehmen können Lebensbegleiter sein. Die dauernde Beschäftigung mit der „Figur" ist für solche Menschen typisch. In den verschließbaren, sehr persönlichen, versteckbaren „Schubläden" der Seele liegen die Spuren unserer Traumata. Die Ernährung des Babys ist ein nicht zu unterschätzendes Erlebnis für vieles spätere „Geben" und „Nehmen" des Erwachsenen. Die Erotik hat direkte Affinitäten zu den ersten oralen Erlebnissen! Bei der Träumerin hier z.B. stellte das sexuelle Küssen später ein Problem dar.

KAPITEL 13

Traum von Peter L. (21.8.24)

Stichworte: **Berlin. Ringstraßen. Verspätung. Keine Ausfahrt**

I: „*Nach Berlin möchte ich. Gegen 9 Uhr, oder es ist 9.00 Uhr, oder es geht bereits um eine Verspätung. [Zu 9.00 hatte ich mir heute den Wecker gestellt.] Ich fahre mit dem Auto einige Ringstraßen, vielleicht in meinem/einem Heimatort, aus denen ich aber **nicht** herauskomme, sondern kostbare Zeit vertue, verplempere...Finde keinen Abfahrts-, Ausfahrtsweg! Alles ist „verkreiselt". Ältere schwarze Taxis stehen auch mal in dem Ort, an der Straße = aber unbrauchbar, untätig...*"

Kommentar: Das ist ein Geburtstraum, in dem der Ausgang auf die Welt, nach 9 Monaten, zur eigen Mitte, Bestimmung, Identität verhindert ist. Real wurde dies bedauernswerte Kind von der Mutter mehrere Tage mit Krampf, Kampf, Gewalt während der Geburt zurückgehalten. Die Mutter hatte den Plan, das Kind ihrem Ehemann unterzuschieben, obwohl der nicht der Erzeuger war. Also an oberster Stelle stand, das Fremdgehen der Mutter zu vertuschen. Das klappte dann auch..., es klappte tragisch gut. Bis zum Ende, bis zu ihrem Tod konnte die Sache ein Geheimnis bleiben. Das Kind, der spätere Mann, fand nach Jahren doch noch die Wahrheit heraus, nicht zuletzt durch Träume massiv angestoßen, allerdings nur in dem

Punkt, dass er definitiv nicht vom Ehemann der Mutter stammte (Traum: „Fleisch" von dem nicht hatte). Um den Erzeuger konkret noch herauszufischen, war zuviel Zeit verstrichen... Die Umstände bei seiner Geburt waren so, dass die Mutter die Konfrontation ihrer Frucht mit dem Ehemann, in der aktuellen Situation, um die Geburt herum, unbedingt verhindern wollte. Das diente ihrer Täuschungsüberlegung. Der Plan gelang also. Viele Jahre lang lebte der Träumer mit dem falschen „Vater", wobei ein herzliches emotionales Verhältnis zwischen den beiden nie zustande kam. Ganz anders lief das Verhältnis zwischen dem betrogenen Ehemann und seinem echten (weiteren) Sohn ab, kein Wunder.

Die Mutter hat also, ohne dass sie Gefahr lief, sich zu verraten, durchaus zuweilen über diese ‚schwierige' Geburt, ganz allgemein allerdings (!), gesprochen. Im Nachhinein wundert man sich über ihr Schauspiel, was das Erzeugerthema hierbei anging. Also das Kind, der spätere Mann/Träumer, war über die auffallenden Umstände seiner Geburt selbst etwas oberflächlich informiert, dachte aber an geheime schwierige Umstände, an Erzeugerfragen überhaupt nicht.

Kurz gesagt: Faktisch kam das Kind über mehrere Tage scheinbar unverständlicherweise nicht zur Welt, obwohl alle Bedingungen, Personen (Krankenhaus), Faktoren sich ganz nah an der drängenden Geburt befanden. Niemand registrierte wirklich, dass die Mutter etwas „versteckte", mit enormer Kraftanstrengung das Kind zurückhielt. Für entsprechendes Klinikpersonal ist es ja nicht überraschend, dass trotz einer Reihe medizinischer Werte das Kind noch nicht kommt. Meist bremst der Stress in der Mutter, über dessen Aitiologie (Ursachengeschichte) das Personal jedoch keine tiefen, privaten Erkundigungen einholen kann. Die Story war eben hier in unserem Fall = schwierige Geburt = das kommt halt vor; mehr nicht.

Wir haben also den irrsinnig anmutenden Fall per Traum, dass jemand nach Berlin fahren will, dass es aber dort keinerlei Ausfahrt gibt. Was suchte die Frucht damals? Das Ziel war das Leben! Die Geburt, als Optimum, Endpunkt. Diese Erstprägung führte dazu, dass dieser Mann im Leben sehr angestrengt seine Mitte, sein Zentrum, seine Bestimmung, seine Aufgabe, seine Identität suchte. Die Hauptstadt (Berlin) wäre für den Sohn auch der echte Vater gewesen, der hätte als ‚Haupt' fungiert. Im Leben hat der Mann oder Junge viel Energie für viele Ziele verwendet – aber er gab sie alle irgendwie wieder auf. Er kam nie wirklich an. Nie eigentlich, wesentlich an – solche Charaktere gibt es. Weder im Beruf noch in Partnerschaft gab es kontinuierliche Ziele, gab es eine wirkliche Bleibe. Jedenfalls gab es Brüche, Probleme im Ankommen vieler Art.

Die 9 im Traum dürfte natürlich mit den 9 Monaten Schwangerschaft zu tun haben. Wie fühlt man sich, wenn man permanent im Zwangskreis fährt? Die Frucht, der Foetus hatte natürlich den Antrieb, den Uterus zu verlassen! Also mühte er sich ab, „fuhr, bewegte sich ständig"! Wer weiß, wie ein reifes Baby sich fühlt, das tagelang von der Mutter in ihren Bauch, wie mit Irrsinnskräften, zurückgedrängt wird? Welche wahnsinnigen, wenigstens auffälligen Kreisbewegungen wird dieser Mensch auch im Leben später, jedenfalls unbewusst, ausführen? Wie nah war er dem Tod damals – das ist eine wichtige Frage. Mit den „schwarzen untätigen Taxis" hat er die Todesnähe gespürt im Uterus. Diese Taxis, Transportmittel waren „schwarz und unbrauchbar"; damit ist der Uterus der Mutter gemeint, der schwarz, und untätig war, eben wie tot…! Ganz eventuell sind damit frühere Abtreibungen gemeint.

Letztlich übersteigt natürlich diese endlose fatale Geburts-Kreisel-Fahrt das menschliche Verstehen. Niemand kann begreifen, dass der gebärende Uterus in starrer Unbeweglichkeit blockiert, bzw. in Krämpfen in die Zurückrichtung drängt. Es ist widernatürlich (!) – aber es kommt vor. In solchen Fällen würde man heute eine Spritze geben (mit dem fatalen Neben-Ergebnis, die Geburt als Lücke zu transferieren). Selbst ein begabter Träumer kann das Geschehen nur im Gleichnis wiedergeben, als verrückte Kreiselfahrt um eine Hauptstadt herum. Kann man trotz der Sperre vor dem Geburtsausgang irgendwann im Leben zu sich, zu sich selbst kommen? Ein langer Weg ist es jedenfalls.

KAPITEL 14

Traum von Maria Do. (24.8.24)

Stichworte: **Mutters Küchenchaos**

I: *Kleiner Tisch in der Wohnung der Kindheit. Eine ältere Japanerin und eine andere Ältere. Die Träumerin bedient: Tee. Sie geht in die Küche ihrer Mutter. Dort herrscht das Chaos. Die Mutter lebt im totalen Durcheinander und Defizit! Viele Dinge, die gespült werden müssten, stehen herum. Kein Tee oder ähnlich. Also eine überraschende Szenerie – statt dass die genannten zwei Alten bewirtet werden. Insgesamt eine chaotische Küche!*

Kommentar: Es ist einfach zu deuten: die Träumerin ist nicht gestillt worden. Bereits die Mutter hatte ihrerseits eine speziell Art von symbolischer Küchengeschichte, Muttervergangenheit: statt der Mutterbrust erlebte sie das Chaos. Zu diesem Problemkreis gehört in der Regel auch ein Geburtstrauma: so ist die Träumerin unter Vollnarkose der Mutter auf die Welt gekommen, also die Geburt war ein „Lückenerlebnis", ein durch Medikamente geraubtes Fühl-Erlebnis. Auch die Brustzeit war ein Lückenerlebnis. Schon bei der Geburt war ihre Mutter überfordert. Die Träumerin kredenzt (auch real) gern etwas zu „trinken" für Ältere oder Fremde/Exotinnen. Sie sucht also das Defizit zu kompensieren, zu heilen – an der anderen Ersatzperson, weniger an sich selbst. Aber wir wollen keinesfalls ausschließen, dass man ein Trauma grundsätzlich heilen und kurieren kann, nämlich durch Dienst am andern. Nebenbei beobachte ich manchmal das Verhältnis von Frauen zum „Tee". Und ich definiere den Tee als dünnes, nicht so gehaltvolles Getränk, als Symbol. Oft kann ich ein Ersatzverhalten im großen Teeschrank, im Angebot vielfältiger Teesorten erkennen. Die Frauen mit der auffälligen Tee-Affinität sind eine spezielle Sorte, so bin ich manchmal als männlicher Typus geneigt zu sagen, ohne es hier zu vertiefen.

Es bleibt, dass in aller Regel Stillen und Gebären Ähnlichkeiten aufweisen. Vom Grundsatz her gehören sie zusammen, aber es muss nicht immer Gleichklang geben. Das Verhältnis zur Nahrung, zum Essen später zeigt auf jeden Fall direkt oder indirekt verräterische Spuren einer defizitären Stillzeit. Auch das Orale als Küssen ist tangiert. Ebenfalls Besonderheiten in der meist engen (= kompensatorischen) Bindung zur Mutter können beobachtet werden. Man sieht ja in dem Traum die auffallende Fürsorge der Träumerin gegenüber Frauen, gegenüber älteren Frauen. Das ist keine Ausnahme, kein Wunder bei Mutters symbolischer Chaotenküche, die nach Ausgleich ruft. Es ist ein Heilungsversuch. Der „Tisch" eingangs war aber sprechend leider schon „klein". Der Tisch war die Beziehung zwischen Mutter und Tochter = sehr marginal.

Wie übersetzen wir „Japanerin"? Halt als sehr exotisch, fremd, fern. Vielleicht entsteht aus solchem Unbewussten der Mutter eine Japanaffinität eines Kindes oder dieser träumenden Frau selbst? Die Japanerin übersetze ich als „fremde Mutter" (wenn überhaupt als Mutter), als sich entfremdete Mutter(!). Jedenfalls im Traum einer Westeuropäerin = als sehr, sehr fremd, allenfalls Tee kredenzend, wie eine japanische Unterhalterin, eine Gesellschafts-Geisha. Es geht in Träumen um unbewusste Assoziationen, um Bilder, Symbole, weniger um Logik, Rationalität. Als Japanerin könnte die Alte theoretisch auch Mutter sein, aber als Ältere neben einer Älteren, im exotisch fremden Habitus, zwingt sie nun gar nicht die Assoziation zu einer jungen, gebärfreudigen Mutter auf; sie ist eine Gesellschaftsdame, in sprechendem, verräterischem Outfit, formal stark gebunden, umgeben von Tee, Tee, Tee und vom Alter – das war's.

KAPITEL 15

Traum von Bill P. (1.9.24)

Stichworte: **Zeugung. Zeitungsartikel fehlen. Glashaus. Einladung. Serge Kniew**

I: *„Ich finde meine Zeitungsartikel, nämlich meine Vortragsankündigungen nicht, obwohl meine Frau Marlies, in dem großen Frühstücksraum, hinter Glas, mich eingeladen hat, mich animiert hat. Ein großer Raum unter Glas, mit vielen Personen, Gästen. Vorher hatte ich mal ans Fenster geklopft. Drinnen eine blonde Frau, am Glas nach draußen befindlich; für sie war das alles auch überraschend, sie wirkte zuletzt etwas erschrocken... Einen unverständlichen Namen wie etwa Serge Kniew gab es noch.“*

Kommentar: Dieser Name, evtl. aus französischen, ukrainischen Bestandteilen, vermutlich vom römischen Familiennamen Sergius abgeleitet, ist eine Chiffre für einen unbekannten „fremden Mann" (eine deutsche Variante a la frz. Serge ist nicht bekannt), in diesem Fall für einen Erzeuger, mit ganz eventuell einem Frankreich-Touch. Der Träumer hat über seinen unbekannten Erzeuger eine Menge verschiedener Namen in seinen Träumen. Wir müssen aus der großen Vielzahl von diesem Durcheinander schließen, dass der Name real unbekannt ist bzw. mit Absicht geheim gehalten worden ist. Es war ja eh die Zeugung ein ‚Unfall‘, wie man zu sagen pflegt, eine spezielle überraschende ad-hoc-Situation, aus einem nicht gerade vorhersehbaren Moment geboren. Vorher und nachher gab es vermutlich keine Art von Beziehung der Zeugenden. Ein Schicksalsmoment, eben eine Art Zufalls-Zeugung – das war's. Ein Hellseher aus dem Rheinland meinte einmal: der unbekannte Erzeuger sei aus Gießen gewesen, aus einer größeren Stadt in der Nähe von Laubach (wo immerhin der Träumer geboren ist). Man darf den Hintergrundrahmen irgendeines Dorffestes vermuten? Als Festvariante kommt auch Weihnachten in Frage. Ein Zufall also – aber eben auch nicht. Der Erzeuger war von der Frau, die hier als eine Ehefrau auftritt bzw. eine solche damals offiziell war, „eingeladen" worden. Im Traum lud sie den Träumer (als = „mich") ein, der in der Doppelperson als Erzeuger und sein zukünftiger Sohn hier agiert. Mehrere Personen hinter einem Traumbild sind nicht unüblich!

Das „Glashaus" entspricht der Redewendung: „Wer im Glashaus sitzt, soll nicht mit Steinen werfen." Wer im Glashaus sitzt, soll sich also über die Folgen nicht wundern. D.h. wer zum Sex einlädt, braucht sich über eine Schwangerschaft, auch wenn sie einen „erschrocken" macht, nicht zu wundern. Der Mann, der unbekannte Erzeuger, hatte auch seinerzeit „angeklopft", also (Sex-)Interesse gezeigt, wenn auch nicht brachial. Die Haut, der Körper der Frau war aus „Glas" = also durchlässig, nur pseudo-abwehrend geschützt, sie war dünn, zerbrechlich, durchstoßbar, ohne Mühen zu durchdringen (für einen fremden Mann, für einen Phallus). Sie lud also im Traum „mich" (= ihn) ein: hier haben wir eben die bekannte Austauschbarkeit, die Viel-Valenz von Personen im Traum, die eine Kernperson, meist aus dem Aktuellen, tragen, darstellen, aber immer auch mit vergleichbaren Personen zusammenfallen können. Für einen träumenden Mann z.B. können Ehefrau und Mutter als Animae immer symbolisch zusammenfallen, auch also er mit seinem Vater, das kommt jedenfalls oft vor. So also für eine Frau: der Ehemann und der Vater (und auch schon einmal weitere vergleichbare, ähnliche Personen). Das entsprechende Gesetz lautet: Das Unbewusste assoziiert immer (!), d.h. automatisch, mit Vergleichbarem also. Wie viele Ehekrisen beruhen nicht auf diesen Assoziationen, auch Verwechslungen...

In unserem Falle lädt die Frau den Erzeuger und sein Produkt, seinen ‚Stellvertreter‘ quasi, d.h. seinen (potentiellen) Sohn, ein. Er soll ihr ‚Glas‘ durchbrechen. „Blond" war sie wohl damals. Die Art Anwesenheit im „Glashaus" wird also aus der Perspektive des unbekannten Vaters und zugleich aus der Perspektive des daraus entstehenden Sohnes gesehen. Außerdem träumt der Mann als aktuelles Ich, nämlich als Ehemann seiner Frau (mit der er natürlich verschiedentlich Sex hat). Ich schrieb schon andernorts, dass die übertriebene, aktuelle „Ich-Perspektive" gern eine Dominanz hat in den Träumen.

Ein willkommener und auch unwillkommener Glashaus-Einbruch – das war die Unfalls-, Zufalls-Zeugung von Bill. Als Unwillkommener erlebte er sich dann heftig während der Schwangerschaft und besonders bei der blockierten Geburt, nicht ohne Todesgefahr. Immerhin war die hier einladende Frau mit einem anderen Mann jung verheiratet. Und manche Angehörige des Mannes waren bei der Feier im Zusammenhang des genannten ‚Frühstückraumes‘ mit dabei, wohl in der Nähe (vielleicht von Gießen, sie wohnten dort)? Das Erschrecken über den symbolischen Glashauseinbruch kam zu spät. Das Motiv „Glashaus" ist in weiterer Hinsicht sehr interessant. Wer sich symbolisch so durchlässig, einladend positioniert, braucht sich übers Schwangerwerden natürlich nicht zu wundern. Er hat selbst schuld daran. Er (eine Sie) braucht nicht jemanden anzuklagen. D.h. die Mutter wusste genau: Eigentun, Eigenversagen hatte ihr diesen „Unfall" mit dem Fremden eingebrockt. Sie war keinesfalls vergewaltigt worden. Nur der Samenerguss erschrak sie denn doch zuletzt... Hier finden wir eine Art Schuldbewusstsein, das die Mutter zusätzlich stark motivierte, ihrem Sohn später die ganze Geschichte vorzuenthalten (nicht nur ihrem Sohn, auch anderen Personen). Sie log real generell nicht selten im Leben. Sie tabuisierte total später diesen Fehltritt, diese Aktion, dieses anscheinend schuldhafte Tun von ihr. Selbst nach dem Tod ihres (nicht nur einmal betrogenen) Ehemannes verschwieg sie die Sache gegenüber ihrem Sohn, der unter dieser Totallüge nicht wenig litt, wie ihm aber auch sehr spät erst bewusst wurde.

Das ist doch nebenbei gesagt ein interessantes Bild, ein feines, höfliches Symbol: Der Liebeskontakt, geradezu subtil gesponnen, wie in einem prüden Roman, ergibt sich so, dass er „anklopft" und sie hinter zerbrechlichem „Glas" sitzt – aber natürlich in der Hoffnung, dass das Glashaus zusammenbricht.

Die „Zeitungsartikel" wären symbolisch die Informationen, die der Träumer ein Leben lang quasi händeringend über seine Identität suchte. Sie wären die so ersehnte, auch heilende Wahrheit. Wenn die Ankündigungen seiner (real) vielen Vorträge im späteren Leben, als Beruf, fehlen, so ist man berührt von dem Trauma dieses Mannes: Der Start zu seinen Tätigkeiten ist für immer auch schwierig, wie „fehlend", für immer auch blockiert – wie genau das Geburtserlebnis.

Ansonsten haben wir in dem Traum, neutral gesehen, einen ansprechenden, feinsinnigen Archetyp für Sex und Coitus: „Der Mann klopft an, die Frau lädt ein".

Ob man zum Namen einen Serge, Sergej aus Kiew assoziieren sollte? Dagegen spricht, dass die Namen für den unbekannten Erzeuger real in den Träumen des Abkömmlings in die Hunderte gehen. Man kann andererseits spekulieren: Ist eine ukrainische Gegend für den Soldatentod des unbekannten Erzeugers (im zweiten Weltkrieg) denkbar, affin? Könnte man etwa Serge mit dt. Sarg/Särge verbinden? Das wäre allerdings sehr gesucht.

KAPITEL 16

Traum von Bill P. (31.8.24)

Stichworte: **Dachgeschoss. Ehefrau = Mutter. Einwechselspieler 70. Minute mit späten Toren**

> I: *„Ich liege mit, bei, neben Marlies, meiner Ehefrau/ Ex-Ehefrau, auf dem Rücken im Dachgeschoss (meines aktuellen Hauses), auf dem hellen Holzfußboden. Sie beleidigt mich, attackiert mich heftig, ätzend und aggressiv. Sie will mich weg-haben, -stoßen! Erschreckende Brutalität, Aggressivität."*

> II: *„Als Einwechselspieler erziele ich spät, ab etwa der 70. Minute, 4 oder 5 Fußballtore, -treffer! Spielfeld und Tore wirken tendenziell klein? Also Jugendfußball? 2 Treffer sind dabei knapp nur hereingegangen. Spiel in der unteren Liga?"*

Kommentar: Ich schlief real nie mit meiner Ehefrau in diesem Dachboden, er war immer nur für Gäste vorgehalten. Also kann man sicher sein, dass mit der Ehefrau in Wahrheit, als Urmodell, Urtyp, Urerfahrung, eine andere weibliche Person gemeint ist. Und zwar ist die weibliche Ersterfahrung (für jeden Mann) die Mutter, die den Träumer in der Schwangerschaft unbedingt „weg-haben" wollte. Die Zeugung war ein Tabu-„Unfall". Grundsätzlich gilt, dass „Dachgeschoss" ein Uterus-Archetyp ist!! Es ist mir noch in keinem Traum anders vorgekommen (unter Tausenden und mehr). Traumsymbolisch

– oder gar echt? – kommen wir anscheinend „von oben" auf die Welt. Bei den Geburtsträumen werden Landebahnen, Fahrspuren „unter uns" gesucht. Daher ist auch „Einfliegen" ein häufiges Geburtssymbol. Im Traum I haben wir den Uterusaufenthalt, noch deutlich vor einer Geburt vorliegen. Real ist dem Träumer bekannt, dass seine Zeugung ein unbeabsichtigter „Unfall" war, d.h. ungewollt beim Fremdgehen einer Ehefrau sich ereignete. Die Mutter (diese Ehefrau) hätte jeden Preis dafür bezahlt, wenn das Kind im Bauch nicht gewachsen wäre... Ihr Gefühl war nur Wut. Zumal der glorreiche Erzeuger auch bald sich entzog. So war es übrigens der Mutter als Frucht ehemals auch gegangen: Ein ‚Unfall' war sie, und der Erzeuger tauchte ab. Die Mutter wurde ehemals dann einem glücklosen Langzeitbewerber, einer Art eingesprungener Ersatz-Ehemann, untergeschoben. Also wir haben eine ererbte Story vorliegen. Man soll nicht unterschätzen, wie oft sich solche Umstände in den Generationen wiederholen! Auch die Mutter des Träumers löste das Problem, indem sie ihre Frucht später dem Ehemann unterschob (vertrautes Muster).

Von wegen „Wiederholung": Der Träumer heiratete eine Frau, die ihn nicht wirklich liebte, sondern die eine gute Partie, eine Vernunftehe vorzog. Als Kind hatte sie bei ihrer Mutter nicht eigentlich die Liebe erlernt, erfahren (sie sollte auch möglichst ein Junge sein), sondern eine äußerst kühle Mutter, sagen wir halbwitzig eine ‚Technokratin oder Theologin'. Wie auch immer. Marlies heiratete den Träumer, und die attraktive Liebe fehlte ziemlich. Unbewusst wählte der Träumer, entsprechend seiner „alten story", eine Frau, die nur vorgab, engeres persönliches Interesse an ihm zu haben. Die Mutter hatte ihn ja auch über ihre wahre, frühere, heftige, uterale Abwehr im Dunklen gehalten. Nun, später reichte Marlies die Scheidung ein.

Zurück zum Traum: Der helle, fast unlackierte , naturnahe „Holzfußboden" verrät über den Archetyp „Holz", dass es massiv um „Leben" geht. Der Träumer hatte also ehemals im Uterus Leben gefunden, relativ gesundes, starkes. Die Frucht war weit davon entfernt, verloren zu gehen, trotz entsprechender Wünsche der Mutter. Aber die Frucht war natürlich hilflos, passiv: sie lag „auf dem Rücken". Eigenaktionen des Foetus sind im Bauch wenig vorgesehen. Und ob die Mutter das Kind wegwünscht – das Schicksal spricht oft ganz anders!

Der Traum zeigt also einmal deutlich, dass Schwangerschafts- und Geburtsumstände das Eheleben der dann geborenen Personen später beeinflussen, bestimmen. Im Traum ist die „aggressive Frau" sowohl die Mutter als auch die Ehefrau. Es kommt oft in Träumen vor, dass sich in einer Figur mehrere Personen, Erfahrungen spiegeln, summieren. Und es geht natürlich hier nicht nur um die formale Ehe, sondern ebenso um das erotische Eheleben, incl. der Scheidungsgründe, wovon ich aber Einzelheiten aus Taktgründen nicht erwähne (darüber vielleicht an anderer Stelle).

Der Traum zeigt also genau diese Konstellation: Uterus- und Geburtsumstände (die Mütter) prägen Leben und Beziehungen, Ehen und Erotik. Die genannte Mutter/Ehefrau hier „gebar" auch recht widrig, verzögernd; nicht überraschend ist es.

Zu Traum II: Dieser ehemals im Uterus ätzend abgelehnte Träumer findet doch einen „späten" Ausgleich. Er erzielt erfolgreiche „Treffer". Das Schicksal spielt nach den Regeln von Yin und Yang, es folgt der schon im antiken Griechenland bekannten „Dialektik". Man sollte halt im Leben, auch in der Traumdeutung (!) nicht übersehen, dass alles zwei Seiten hat. Was hat ein spät, ab der 70. Minute eingewechselter Spieler noch zu erwarten? Wie auch ein alter Mann nach dem Siebzigsten? Tja wenn überhaupt etwas, dann nur eine Riesen-Überraschung; gar etwas wie ein spät nachgeholtes „Jugend"-Erlebnis? Aber vielleicht unspektakulär, wie in einer untergeordneten Schatten-Liga? Doch 4, 5 Tore in der kurzen Spielzeit noch: das ist echt viel... Wir deuten den Traum als unbewusste Selbstgewissheit, als ein Selbstgespräch, was sagt: ‚Junge, du kannst doch was! Magst du auch noch so abgelehnt sein im Anfang, du hast große Fähigkeiten‘... Außerdem sagt diese Stimme: ‚Junge, vertrau aufs Alter‘.

KAPITEL 17

Zwischen-Resümee und Geburtssymbole

Stichworte: **Franz Kafka: Zögern. Oxytozin. Geburtssymbole**

Franz Kafka äußert sich so: „Mein Leben ist das Zögern vor der Geburt."

Vgl. Kafkas berühmten Brief an den Vater, wobei es nicht unlogisch wäre zu denken, dass dieser schwierige, problematische Vater in Wahrheit nicht der Erzeuger war. – Vgl. auch Kafkas unvollendeten Roman über das „Schloss": Ein ewig vergebliches Bemühen, anzukommen, eingelassen zu werden, ja, nur ernst genommen zu werden. Auch der Schlossherr trägt Symbolcharakter einer unerreichbaren Vaterfigur (a) sowie besonders als Unzugängliches, Widriges, Abwehrendes die Symbolzüge eines verschlossenen Welteintritts (b), einer verschlossenen Mutter bei der Geburt, also Züge des permanenten „Zögerns". Auch in Kafkas Kurzgeschichten gibt es ähnliche Türstopp-Positionen, z. B. in „Heimkehr": „Je länger man vor der Tür steht, umso fremder wird man", schreibt Franz Kafka. Entfremdung ist genau das, was eine blockierte Geburt verursacht! Erotik später erfordert dagegen Identität, bei sich selber zu sein; aber wie defizitär ist nicht die Erotik eines sich selbst entfremdeten und eines ur-blockierten Menschen.

Durch Traumwissen kann man seine Identität und Wahrheit wiederfinden: „Ihr weißen Männer kennt nur die Arbeit. Ich will nicht, dass meine jungen Männer euch gleich werden.

Menschen, die immer nur arbeiten, haben keine Zeit zum Träumen, und nur wer Zeit zum Träumen hat, findet Weisheit." (Smohalla, in „Worte wie Spuren, Weisheit der Indianer", Freiburg 1993). Ich wiederhole: „Weisheit"...

Ich erinnere auch an die Rolle des Hormons „Oxytozin" und an den in dieser Sache berühmten Autor Michel Odent: Oxytozin wird ausgeschüttet bei der **Geburt und beim Orgasmus!** Diese innere Parallelität, Affinität von Geburtsgeschehen und späterem Sex wird auch dieses mein Buch hier nicht müde zu beschreiben... Es scheint dies ein okkultes Mysterium zu sein, aber es ist eklatant.

„Im Mutterleib lernen wir die Melodie des Lebens"(so Ulfried Geuter, in Zs. „Psychologie heute", Jan 2003, 3.Jg., Heft 1.)

Der aktuelle Autor hier selbst hat zu den „Vorgeburtlichen Erinnerungen in den Träumen" 2023 ein separates Buch veröffentlicht. Es beschäftigt sich quasi mit dem „Uteralen Charakter", also mit der frühesten Prägung.

Michel Odent: „Wenn wir die Liebesgeschichte von Menschen betrachten, deren Liebesfähigkeit – sei es die Liebe zu sich selbst oder die Liebe zu andern – in der einen oder anderen Weise gestört ist, gewinnen wir den Eindruck, dass die Liebesfähigkeit in hohem Maße durch die frühen Erfahrungen im Mutterleib bestimmt ist". (Michel Odent, „Die Wurzeln der Liebe", Düsseldorf 2001, S. 41)!

Rudolf Steiner vergleicht: den „Moment des Einschlafens" mit dem „Zeitpunkt, in dem wir waren, als wir, wenn ich mich so ausdrücken darf, von den Himmeln auf die Erde heruntergestiegen sind. Im Schlaf seien wir Geist und außerhalb des Körpers, deshalb könne man auf seine Existenz, seine Geburt, seinen Tod herabschauen – in den dann folgenden Träumen einer Nacht also ständig. Auslöser, so füge ich im Sinne von S. Freud hinzu, ist das „Rezente Material", d. h. ähnliche, anstoßende

Tageseindrücke, die die Richtung des Traumes vorgeben. Dazu Aristoteles: „Der beste Traumdeuter ist, wer Ähnliches mit Ähnlichem vergleichen kann." Die normale Zeitstruktur ist im übrigen ausgesetzt im Traum.

+ Traumsymbole für die Geburtsthematik:

„Den Ausgang suchen und schwer finden" ist ein häufiges Motiv für schwierige Geburt. Die Traummotive „Park", „grüne Wiese", Garten" können auftauchen. Für die Uteruszeit wird „Holz" (Lebenskraft und Wachstum) und „Wald" gern genommen. Viele Fahrzeuge können den Mutterbauch darstellen, so z.B. „Bus", „Kombi-Pkw". Als Tier finden wir „Kuh, Pferd, Hühner, zumal die Glucke" für die Schwangere gern. „Kisten, Kasten, Bündel, Pakete" gibt es auch nicht selten, ähnlich „Koffer". Die Brüste der Mutter können in der Traumsymbolik mit verschiedenen Beeren bezeichnet werden oder auch mit diversen Obstsorten (Äpfeln, Birnen). Typisch für die Geburt sind die Motive „Fliegen, Einfliegen, Landen, Springen, Stürzen, Absturz und Abgeholtwerden".

Hier noch einmal eine wichtige Erwähnung zu dem unseligen Kaiserschnitt, der die Erotik für später weitgehend zerstört oder wenigstens beeinträchtigt: Eine Hündin und auch eine Löwin, die per Kaiserschnitt (im Zoo) gebiert, nimmt die Welpen nicht an! Das sind wissenschaftlich belegte Fälle – muss man dazu noch etwas sagen?!

Weitere Motive zum Umfeld der Geburt sind „Absturz vom Hochhaus" und „Suche nach einem Parkplatz". Oder für die Schwangere: „Eisenbahn", „Omnibus". Archetypen, die eine Nähe zur Geburt verraten können, sind auch: „Brücke, Bahnhof, Strand, überhaupt Vom-Meer-aus-Kommen, Waschbecken, Waschmaschine, Flur (als Ankommens-Raum), diverse Türen, Tore, Schubladen, Kisten/Kasten, auch Zimmer/Räume,

Fahrzeuge sowieso, Matratze/Bett/Schlafanzug, sowie Wassereinbruch (nicht ungefährlich)".

Dann das „Dach, Dachgeschoß" als sehr häufiges Symbol, mit der Betonung , dem indirekten Beigeschmack, dass „wir von oben kommen". Über den Vater, z.B. über den Verlust des Erzeugers wird auch bei Unkenntnis, Nicht-Wissen oder Belogen-Sein im Traum informiert, etwa über bestimmte scheinbar oder tatsächlich männliche Symbole. Z.B. der Autor hier hat seinen Erzeuger faktisch vor der Geburt verloren; symbolisch: „Er hatte seine (männliche) graue Kappe im Himmel vergessen." (Diese Kappe war eine „Schlägermütze" oder eine „graue Soldatenkappe".) Ein anderer Traum zeigte: Eine spätere Partnerin hatte diese Kappe im Koffer (mitgebracht). Ergebnis in der Realität: sie schenkte ihm einen Sohn (den ersten, späten): also hatte sie für ihn irgendeinen Männlichkeitsersatz vorrätig? Aber das ist ein interessantes Gedankenspiel, Symbolspiel; wir wollen es bei dem Kappenmotiv belassen.

Die Geburt wird auch geträumt als „Nach-dem-Urlaub", oft mit „Schweben, Fliegen, Landen, Aufsetzen auf Gras". „Schwerelosigkeit und Raumfahrtsszenen" sind nicht selten. Abtreibungsattacken, z.B. nach einer ungewollten Schwangerschaft, als „Unfall", zeigen gern das Traumbild „Treten" gegen den Träumer, also gegen den Embryo, auch gern versteckt, wie „unterm Tisch". Ein unwilliger Stiefvater, Rivale kann so im Traum „tretend" agieren.

Ein 33-Jähriger träumte: „...dass etwas kaputtgeht, was ich gebaut habe. Die Front einer Schublade zerfleddert in Papierstücke, wie ein Zerfall, der mit der Zeit geschieht." Dieser Traumberichterstatter war Teil einer Drillingsschwangerschaft. Bei der nachweislich bezeugten Abtreibung konnte er allein überleben. Kein Kommentar. „Schublade" ist als Motiv (Uterus) deutlich.

Lebensgefahr im Uterus kann so aussehen: „Stromausfall im Fahrstuhl". Ein sehr direktes Symbol für eine verzögerte, blockierte, von der Mutter eigentlich abgelehnte Geburt ist „die falsche Richtung" bei irgendeinem Bewegungsprozess. Allgemein für Seelen vor der Geburt treten gern „Vögel" auf. Ein Zeugungs-„Unfall" kann geträumt werden mit den Motiven „Bächlein, Lücke, Damm, Dammbruch"; das verwundert nicht. Auch gibt es dazu ein folgendes Traumbild mit Federvieh: Beispiel: „Es bleiben jedoch im Vordergrund ein kleinerer frecher weißer Hahn und ein größeres braunes Huhn gegenüber, die sind in einem Dialog, einem Streitgespräch? Der kleine Hahn hat bereits im Sinn, das Huhn später zu begatten. Auffallend, dass alle Hühner hinten ein graues, längliches Loch zeigen, statt Schwanz, Sterz, Bürzel etc." Dieser Traum gehört real und konkret zu einer „Unfall"-Befruchtung. Das (weibliche, brünette) Huhn hatte genital eine sex-bereite Öffnung, so passiert es eben... Geträumt wurde das vom späteren Kind im Erwachsenenalter. Der Mann (Erzeuger) war real vielleicht ein Hellblonder, nicht so groß.

C.G. Jung: „Im Traum treten wir in den tieferen, allgemeineren, wahreren, ewigeren Menschen ein, der noch im Dämmer der anfänglichen Nacht steht, wo er noch das Ganze, und das Ganze in ihm war..."(in „Mensch und Seele. Aus dem Gesamtwerk", Olten und Freiburg 1977, S. 77).

Ein sinnreiches Beispiel für einen Geburtstraum ist:

„Ein Wandteppich wird aus dem Dachgeschoss heruntergelassen. Er besteh aus zwei getrennten Teilen, die verknüpft werden müssen – aus der Leinwandunterlage und dem Webmuster..." Hier haben wir die Körperlichkeit des Babys (a) und die Seele (b), die damit „verknüpft werden muss. "Das Muster war sehr reichhaltig und kompliziert." Nun, wer hat als Mensch eine unkomplizierte Seele? Kinder träumen übrigens eigenständig von der Wiedergeburt (z.B. ihrer Mutter). „Man könne oft, immer wieder neu auf die Welt kommen" träumt ein 8-jähriger Junge. „Vor der Geburt, im Himmel, entscheide sich, als was man auf der Erde tätig sei." Wörtlich sagt, träumt das Kind: „Das Leben ist immer. Das Leben ist immer da! Es geht immer weiter, weiter, weiter…"

Zum Thema, dass man die Erinnerungsfähigkeit von Babys anzweifeln könnte, der Traum der Kölnerin Monika B. „Ich war eine Kaiserschnittgeburt und bekam sechs Wochen nach meiner Geburt eine schwere Lungenentzündung. Und wurde stationär im Krankenhaus in W. behandelt. Ich erinnere mich an die Trennung von meiner Mutter, an die kalten weißen Wände und Fliesen, es fühlt sich auch heute immer noch nach Todesnähe an, und ich bekomme auch jetzt beim Schreiben Gänsehaut am ganzen Körper. Früher war ich der Ansicht, dass ich mich eigentlich im Alter von sechs Wochen nicht dran erinnern kann, heute weiß ich es besser." Hier ist besonders zu erwähnen, dass die frühe Trennung von der Mutter emotional Ungeheures bedeutet (a) und dass ein Todeserlebnis in unserem Unbewussten die stärkste Erinnerungskraft hat (b).

Wir schauen noch einmal auf die Ablehnungserfahrung in den ersten 9 Monaten (was meist als Problem den Geburtsvorgang mit einschließt, beeinflusst). Uterale Lebensbedrohung kann sich zeigen im Symbol einer „Bergspitze", die als aversiv gewertet wird. Den „Gipfel" denn doch zu erreichen, zeigt dagegen einen Erfolg. Der „Bergabhang mit Sturzgefahr" spricht wiederum negativ, als erinnerte Lebensgefahr für sich. Es gibt im übrigen auch nicht selten Helfer im Traum, der „Geburtsengel" ist dafür ein Beispiel. Die uterale = später psychisch gewordene Ablehnung kann sich früh im Traummotiv der „Obdachlosenszene" symbolisieren. Auch „Verstecken, Vergessen" klingt nicht gut für eine Geburt. Ein vielleicht erfolgreiches „Seminar-Ende" spricht für eine denn doch zuletzt gelungene Geburt.

Ein Helfer bei der Geburt muss nicht immer ein „Geburtsengel" sein, sondern kann auch ein guter Kamerad sein, der real den Träumer öfter schon mal unterstützte, förderte. Bsp.: Ein guter Freund, ein Förderer und Gönner im Leben, nämlich Mitschüler Toni, besucht mich, steigt meine „Holztreppe" hoch im Flur, in Richtung „Dachgeschoss". Da ist es eng, schmutzig, schwarzer Boden, Staub. Jemand hat nervend zwei Klebebonbons auf den Stufen angebracht. Ich entferne dies zähe Zeug, die Hindernisse... Meine Partnerin, die hier ist, macht nichts. Eigentlich weigert sie sich... Die Ablehnung, Ignoranz meiner Partnerin ist deutlich..."

Es wimmelt in dem Beispiel von Archetypen. Die Mutter damals hat die Geburt verweigert, sie „verzögerte" (wie bei Kafka) den Prozess per „Klebstoff". „Flur „erwähnte ich bereits als Geburtssymbol. Ganz klassisch (und häufig) ist der Archetyp „Dachgeschoss" für den Uterusraum, aus dem wir herabkommen. „Holz" ist Leben, hier die Einzeugung andeutend. Der Träumer entfernte das Klebzeug = er kämpfte sich bei der Geburt durch heftige Widerstände hindurch. Real ist dazu bekannt: die Mutter verweigerte die Geburt 72 Stunden lang." Eng, schmutzig, schwarz und staubig" war der Boden, die Basis dieses Uterusaufenthaltes(!) = Heftig bekämpfte die Mutter damals 9 Monate lang ihre Schwangerschaft. Ich erwähnte schon öfter, dass abgelehnte Schwangerschaft und abgelehnt Geburt innerlich zusammengehören... Eine Wende ab der erledigten, erfolgten Geburt kann es aber im übrigen auch immer geben. Weiter kann man zum Traum spekulieren: Die Partnerin im Traum steht stellvertretend für die Mutter damals? Oder hat die Partnerin ähnliche Charakterzüge? Oder ist sie auch ein bei der Geburt abgelehntes Kind? Oder ist sie grundsätzlich aversiv ihrem Partner gegenüber? Hier sollte man an verschiedene Optionen denken und nicht zu schnell urteilen (obwohl man manches asoziiert). Ein Missverhältnis zur Partnerin lässt natürlich immer auch auf den Erotikbereich schließen. Und die Erotik speist sich aus den allerersten Erfahrungen. Der Sex des Paares dürfte also keineswegs optimal gewesen sein.

„Lebensgefahr im Uterus" wurde in diesem Kapitel angesprochen. Dazu wiederhole ich das Zitat von eingangs:

„Im Mutterleib lernen wir die Melodie des Lebens"(so Ulfried Geuter, in Zs. „Psychologie heute", Jan 2003, 3.Jg., Heft 1.)

Die Melodie des Lebens setzt sich zusammen aus unseren Gefühlen, Erlebnissen, Stimmungen, Befindlichkeiten, incl. Hochgefühl und incl. Krankheit. Wir „fühlen" in dieser Melodie Schmerzen oder Freuden. Jedenfalls, es lässt die Melodie des Lebens unsere Herzen vibrieren oder aber umgekehrt tief trauern. Sie spielt sich im Unbewussten ab, wo es um starke Emotionen geht, nicht um Philosophie. Diese Empfindungsebene in uns „denkt quasi unbewusst", d.h. sie assoziiert und vergleicht alle Ereignisse mit Ähnlichkeiten, mit bereits Bekanntem. Das geht automatisch vonstatten und läuft eigentlich in allen Lebewesen so ab. Daher sind aktuelle Entscheidungen immer unbewusst gebunden an früheres Vergleichbares, an gespeicherte Geschehnisse! Was seine Logik und seinen Sinn hat. Die genannte Melodie fußt immer auf ähnlichen Vorerlebnissen. Der Vergleich mit Erfahrenem mindert den aktuellen Stress, unterstützt Orientierung. Alles zusammen ergibt dann das Konzert. Mit anderen Worten: Alle Gefühle, Reaktionen von uns sind indirekt, aber logisch und zwingend, mit dem „Ersterlebnis" verknüpft. Ohne diesen Anker würden wir psychisch eher taumeln. Unsere Ersterfahrungen haben dieser Melodie ihre Farben, Farbtupfer gegeben. Sie sind das Grundmaterial dieser Melodie. Welches Resümee ziehen wir nun aber, mit Berücksichtigung vieler allgemeinen psychologischen Sätze, z.B. unter Einschluss des „Wiederholungszwanges", und unter Einschluss von handfesten biografischen Solitärmustern?

Als Fazit sprechen wir an, dass das Ersterlebnis bzgl. Schwangerschaft, Geburt, Stillzeit das Modell ist, tief unbewusst, aber gehegt und gepflegt, für vieles Spätere. Ganz ohne Scheu, schlagwortartig und zugespitzt ausgesprochen, finden wir verwandte Melodie-Bausteine in folgenden drei Kernstationen: Geburtsprozess (1), Pubertät (2) und Alter (3). Die Grundmelodie holt uns immer wieder im Leben ein. An markanten Stellen eben. Sie wird nicht selten gespielt auf einem Stress-Klavier, von Anfang an, ist also nicht immer lustig. Zu (2) gehört der Sex, und zu (3) gehört die Alterssenilität bzw. die nicht seltene abschließende Verwirrung. Man kann es auch rational, nüchtern so ausdrücken: Der Stress, das Trauma bei der Geburt „wiederholt sich" in der Pubertät (beim Sex) und in der hilflosen Alters-Alzheimer-Krankheit; es ist in der Regel ein und dieselbe Grund-Melodie. Es ist eine Bogenmelodie vom Anfang bis zum Endabgang. Ihre Endfärbung entspricht ihrer Erstfärbung, welche vielleicht (nicht selten) ein Trauma war. Diese Melodie drückt das Schicksal aus – wie es zu jedem individuell gehört, wie es nach allgemeinen Regeln läuft und doch auch personenbezogen ist.

Es gehört dazu die bekannte Redewendung oder auch Volksweisheit, die besagt: Das Leben oder Geschick steht „unter einem bestimmten Stern". Das meint diese angesprochene Hintergrundmelodie aus ähnlichen Symbolen, verwandten Gleichnissen oder auch aus sprechenden Fakten. Man erkennt den Stern wieder.

KAPITEL 18

„Traum von der eigenen Geburt" (Literatur von 1999)

Stichworte: Traum einer Frau. Wie Fäden. Schwarz-weißer Steinfußboden

Eine Frau (aus Johannes W. Schneider: Träume, Stuttgart 1999, S. 161ff.):

> *„Ich habe niemals jemanden etwas Ähnliches erzählen ge-*
> *hört noch habe ich jemals etwas Ähnliches gelesen", sagt*
> *die Träumerin. „Ich erinnere mich nämlich an meine eigene*
> *Geburt... Die Erinnerung erwachte erstmals mit fünf oder*
> *sechs Jahren, ehe ich in die Schule kam. Die Erinnerung*
> *kam in einem Traum, den ich drei Mal... hatte. Der dritte*
> *der drei Träume war so erregend, dass ich ihn niemals ver-*
> *gessen kann:*
>
> *Ich bin sehr groß und sehr klein zugleich und befinde mich*
> *sehr, sehr hoch über der Erde und zugleich sehr nahe, was*
> *ich eigentlich gar nicht will. Ich sehe alles wie durch ein*
> *Fernglas, das man falsch herum vor die Augen setzt, oder*
> *wie durch eine Tüte, großflächig nach oben und ziemlich*
> *gedrängt nach unten. Ich sehe eine gedrängte, kleine, wei-*
> *ße Fläche mit einigen weiß gekleideten Gestalten, die um*
> *sie herumstehen... Zu der gleichen Zeit, in der ich diese*
> *Gestalten von sehr hoch oben sehe, sehe ich sie auch ganz*
> *nah in natürlicher Menschengröße, ebenfalls von oben.*

Der Kampf und die Fahrt abwärts durch diese Tüte ist un-
heimlich schmerzlich, Kräfte ziehen mich nach unten, rei-
ßen mich nach unten, obwohl ich dies nicht will. Es fühlt
sich an wie ein mächtiger Magnet... Ich glaube, es sind Fä-
den, die elektrisch geladen sind... Zuerst werde ich herab-
gezogen auf das erste Niveau [dieser Tüte] und bemerke zu
meinem Schrecken, dass die Weißgekleideten mich ergrei-
fen können und dass es von irgendwoher stark leuchtet. Ich
schließe die Augen, und es leuchtet durch die Augenlider
hindurch. Dann verschwindet alles, und ich glaube, dass es
nun vorüber ist. Dann werde ich auf das zweite Niveau hi-
nunter gedrückt, und ich empfinde, wie ich mehr und mehr
gefangen bin, ergriffen von deren Händen und deren ent-
setzlichem Licht. Ich presse fest die Augen zusammen, um
von ihnen freizukommen. Ich fühle mich ganz nackt... Nun
verschwindet wieder alles, und ich glaube, dass ich gerettet
bin. Schließlich werde ich von diesen elektrischen Kräften
auf das dritte Niveau hinunter gezogen, was sehr schmerz-
lich ist. Nun fühle ich mich schwer wie ein großer Stein, und
ich erlebe, dass ich auf dem Rücken auf der weißen Fläche
liege und völlig zerstört bin. Schwer wie ein Fels und klein
wie ein Zwerg, völlig kleinlaut... Ich denke, dass ich mich
totstellen müsste, um in Ruhe gelassen zu werden. Aber da
merke ich, dass ich atme, obwohl ich das gar nicht will. Ob-
wohl ich glaube, dass ich tot aussehe und in Ruhe gelassen
werde, gibt es noch die Hände, die mich anfassen und alles
Mögliche mit mir machen... Die Hände greifen direkt hi-
nein in mein Fleisch, ich erlebe das wie einen elektrischen
Schlag... Jetzt wage ich auch, die Augen hin und wieder
zu öffnen, und befinde mich in einem großen Raum mit
schwarz-weiß gemustertem Steinfußboden und mit mehre-
ren großen Fenstern, durch die das Tageslicht hereinscheint.

Jetzt höre ich ein kräftiges Kinderschreien (vielleicht von mir selbst), und das gibt ein Echo im Inneren des Kopfes, aber ich kann nicht die Ohren schließen. Ich sehe, wie ein Kind in eine steinerne Badewanne getaucht wird. Es schreit entsetzlich. Hier ertränkt man Kinder, denke ich erschrocken. Dann schneidet mir jemand die Fingerkuppen ab, und diese fallen, sich verhärtend, nieder zum Fußboden (man hat mir wohl die Fingernägel geschnitten, das tat man früher bei Neugeborenen). Jemand steckte einen langen Stock in mein Hinterteil (er wollte wohl die Temperatur messen). Sehr schmerzhaft. Dann werde ich hart eingewickelt, in ein hartes, weißes Tuch oder etwas Ähnliches, und ich habe plötzlich Kleider an. Ich kann kaum atmen und werde allzu hart eingeschnürt...Ich bin furchtbar traurig, alleingelassen und weiß nicht, was ich hier soll und weshalb ich hier bin. Die Wangen fühlen sich nass und kalt an von den Tränen. (Dieses Gefühl von Alleingelassensein, das ich wie einen Abgrund erlebe, hat mich durch das Leben verfolgt. Ich kann es nicht ertragen, wenn ein kleines Kind weint.)

Der Schritt der Schwester hallt hart vom Steinfußboden zurück, und als ich steif in ihrem Arm liege, höre ich das Reiben ihrer Kleidung. Dann trägt sie mich durch eine Türe mit einer Glasscheibe hinaus in eine dunkle Halle oder in einen dunklen Gang...“

Die Träumerin sagte im Gespräch, dass die Geburt wohl normal verlaufen und dass sie gesund gewesen sei. Als Sechzehnjährige fand sie in einem Fotoalbum zuhause ein Bild von dem Krankenhaus, in dem sie geboren wurde, mit genau dem schwarz-weiß-gemusterten Fußboden, den Fenstern und der Krankenschwester, wie sie im Traum erschienen waren. Das versetzte ihr einen Schock.

Diese Empfindung bezüglich des Krankenhauspersonals, d.h. diese Gestalten als groß und klein zugleich oder abwechselnd zu sehen, verrät uns quasi das Zwischenreich! Eine Seele, die noch halb im Jenseits ist, hat zwei Perspektiven parallel, eine irdische Sicht und eine noch aus dem Himmel. Dieser sagenhafte Zwischenzustand beschreibt beeindruckend den Übergang zwischen Uterusaufenthalt und Geborensein, beschreibt diesen Prozess, den wir in der Regel vergessen. Der geistige Verlauf, im Innern eines Foetus/Babys, als zwei gleichzeitige Perspektiven – er wird nur beschrieben bei einer Super-Erinnerung, über die diese Frau wohl generell verfügte. Üblich ist, wenn man sich überhaupt an Spuren der Geburt erinnert, dass die ein oder andere Einzelheit als markantes Detail im Gedächtnis, im Traumwissen bleibt, und zwar je nach Emotionstiefe. Wenn man sich sogar außerhalb des Träumens an eine Einzelheit seiner Geburt erinnert, dann kann man einen „Schock" bekommen, denn die Interpretation der Wirklichkeit, die man in jeder Schule lernt, stimmt dann nicht mehr…

Beeindruckt von dieser Erinnerungsfähigkeit, fügen wir keinen weiteren Kommentar an: Die Geschichte spricht für sich selbst.

(Dieser Traum findet sich auch im folgendem Buch: Willy Peter Müller, „Vorgeburtliche Erinnerungen in den Träumen. Die Seele des Kindes weiß alles". 2023. Kap. IX)

KAPITEL 19

Geburt als „Trauma"

Stichworte (2023) : **Manfreds Träume. Uschis Traum. Im Flugzeug. Impuls. Crash. Kein Aussteigen. Pferd. Bergab: Richtung? Schiedsrichter ignoriert. Urologe. Arzt: Finger zum Himmel.**

Aus einem Traum der Uschi:

> *„Irgendwo im All, Universum...Jemand erklärt, dass bald der Zeitpunkt für uns da ist, uns fallen zu lassen, um zur Erde zurückzukehren... Manche würden es gar nicht schaffen, die würden den Aufprall nicht überstehen. Für manche wäre es so schlimm, dass sie ohnmächtig würden... Er sagte weiter, wir bräuchten das Ganze nicht nur aus der Perspektive von oben betrachten, alles würde auch gleichzeitig innen in uns selber stattfinden. Bald würde jeder einzelne von uns innerlich einen Impuls verspüren, das wäre genau der Zeitpunkt des Fallenlassens...."*

Immerhin wäre das für uns eine Spur zu der Tatsache, dass manche Personen so eine präzise Erinnerung an die Geburt haben – als wäre es ein Erlebnis innen wie außen... Vgl. dazu Kap. 18

Aus dem Traum einer Schneiderin, die u. a. sagt:

> *„...Alles Leben im Körper impliziert Getrenntsein...Dies ist eben die Aufgabe der inkarnierten Lebensform, Trennung zu begreifen, bevor Trennung entsteht und aufgehoben wird.... Wir [Vorgeburtlichen] haben Zugang zu Wissen, das viel weniger Grenzen kennt als das eure, denn wir haben uns bereits entfernt von Raum- und Zeitstruktur...*

Natürlich ist es logisch, dass eine andere Welt, die des reinen Geistes oder wie wir es nennen wollen, Raum-und Zeitstrukturen nicht kennt, denn diese Kategorien gehören systemimmanent, zwingend zur Materiewelt.

> Traum des Manfred M.: *„Eine lange Zeit im Flugzeug... Hier nun vor der Landung, also beim Anflug. Wir oder ich stehen im Flugzeug vielleicht in Türnähe... Das Tempo ist extrem hoch! Meine, dass das Flugzeug mit diesem Tempo bei der Landung zerschellen muss. Das kann normalerweise nur mit einem wahninnigen Crash enden. Andererseits oder daneben schaue ich wegen des langen (!) Schwebens auf die Erde unten, durch einen gewissen leichten Nebeldunst...Wir kommen vielleicht aus dem Urlaub. [Nach Landung]: Nun gehe ich über Wiese, Gras, vielleicht zu einem Ausgang fern, da bekämpft oder stört mich unterwegs ein braunes fussiges Pferd, das ist vielleicht an einen Baum angebunden, jedenfalls bewegt es sich im Kreis. Erst will es mich mit der Schnauze beißen, was mich bzgl. eines Pferdes wundert. Nach dieser Art Schnappen sucht es mich zu treten, doch ich kann dagegen mit meinen Füßen auch mal treten oder abwehren.*

Kommentar: Dieser Manfred war von der Frau, einer anderweitig verheirateten Mutter, in einem One-Night-Stand ganz ärgerlich bzw. sehr ungewollt empfangen worden. Er war also ein klassischer „Zeugungsunfall". Die Mutter, hier als Pferd, wollte die Frucht verschiedentlich loswerden, besonders war sie wütend über ihr Gebärenmüssen hier; aggressiv „biss" sie das Kind (untypisch für ein Mutter-Pferd). „Treten" ist ein bekannter Archetyp für eine gewisse, teils larvierte, aber massive Feindschaft. Nicht wenige Geburtsträume beinhalten auch eine Info über das Leben zuvor, d.h. unmittelbar im Noch-Jenseits... Nun, dem armen Manfred ist als Foeus, Baby der zu erwartete Total-Crash erspart geblieben. Natürlich war die Mutter „angebunden", d.h. extrem unfrei. Während sie die unliebsame Frucht gebar, wartete der offiziell Ehemann, der betrogene Nicht-Erzeuger, als rundum gemeinter „Vater" im Vorraum... Also Stress pur bei der Geburt von Manfred! Der aus diesen und anderen Gründen zu den verzögerten, blockierten, verspäteten Geburten gehört, mit entsprechenden Sexualphänomenen, die aus der Blockade stammen, nicht nur mit der eh' zu erwartenden „verzögerten Adoleszenz" (vgl. C.G. Jung). Auch andere Starts im Leben waren nach diesem Muster beeinträchtigt. Sein „Schweben" vor dem Welteintritt war eben ungewöhnlich „lang". Das Mutterpferd, real etwa braunhaarig wie im Traum gesagt, war auch deshalb aggressiv und „angebunden", weil der Erzeuger des Manfred sich und sein Tun wohl verleugnet hatte, jedenfalls geflohen war. Also in nicht nur einer, sondern in mehreren Stressfallen befand sich das gebärende Mutterpferd.

Zu der dramatisch verzögerten Geburt des Manfred noch ein anderes Traumstück:

„Ein geräumiges Auto, eine Art Van oder Kleinbus... Nicht wenige Polster sind vorhanden, konkret viele Polsterlehnen. Die Fahrt geht zur Hauptstadt... Unmittelbar vor mir sitzt eine Frau. Hatte ich sie am Ende mit meinen Fingern gekratzt, ...versehentlich? Nun jedenfalls Ausstieg, Halt für alle ist angesagt. Es ist wie die Endstation eines Taxibusses. Aber für mich allein überraschend kein Aussteigen! Sagt jedenfalls die Fahrerin. Doch alle anderen steigen logischerweise aus! Für mich wäre es noch eine weitere Station,... Sehr überraschend. Ich musste also warten, gibt mir die Fahrerin zu verstehen."

Gegen den Geburts-„Impuls", den jede Frucht irgendwann spürt, von innen, automatisch (auch wörtlich in manchen Traumberichten überliefert), musste also Manfred **warten**. Die Mutter kann die Fahrt des Taxibusses, des Uterus also weitgehend steuern (wenn auch nicht ewig). Da mag jeder Leser selber darüber spekulieren, wie sich das Kind bei dieser unverständlichen Blockade, die im Moment vom ersehnten Leben fernhält (!), fühlt...Stress und Angst entstehen hier für ein ganzes Leben.

Ein weiterer Traum von Manfred zum Geburtsausgang, der nicht möglich ist:

„Ich möchte aus Bergeshöhen hinunterfahren, -steigen. Viele Versuche finden statt, aber alles erweist sich als unmöglich. Alles ist auch zu eng! Zuerst steht ein Bus zur Abfahrt bereit, wie isoliert auf einer erhöhten Halbkreishöhe, ganz oben auf einem Berg, in Eis und Schnee... Kein weiterer Platz mehr da oben in einsamer Höhe. Ein Losfahren wäre unmöglich, völlig irreal. Verschiedentlich versuche ich es irgendwie,... in einer alternativ vermuteten Richtung. Dort

jedoch gibt es einen zu schmalen Weg, mit schwarzem Teer-
schotter...Eine Baustelle, wieder alles zu eng. Schließlich
wählte ich wieder diese Seite, Richtung mit dem schmalen
Teerweg, um hinunter zu kommen. Jedoch saß ich da erst
einmal eingepfercht an der Bergkante." [Zu einer Zweier-
situation an einem Tisch]: „Als säßen wir fast wie beim Es-
sen, vor diesem doch so nahen Hinunter... Vermutlich bin
ich zwar wieder auf der richtigen Seite für einen gedachten
Abstieg – aber zu dieser Aktion kommt es bis zum Traum-
Ende nicht..."

Die Zweierbeziehung am Archetyp „Tisch" stellt natürlich
Manfred und seine Mutter dar. Meine oben gestellte Frage,
wie ein Baby sich wohl fühlt bei dem endlosen Warten und
der Enge, beantwortet dies Traumstück = nämlich endlos hoff-
nungslos. Archetypisch ist auch das Problem mit der „Richtung"! Das Kind will zur Welt, die Mutter hält es zurück, gibt
eine andere, eine Anti-Richtung vor.

Ein Knabe, der bei der Geburt mit Gewalt zurückgedrängt
wird, quasi in die „falsche Richtung", erlebt die Geburt als
Kastrationstrauma oder jedenfalls einer Kastration vergleichbar.

Zu diesem Zusammenhang von **Charakter und Erotik**, in
dem Buch hier das Thema, noch ein Traum von Manfred:

„Untersuchung beim Arzt, Urologen. Auf dem erigierten
Glied des Manfred befindet sich ein weißes Pulver oder ein
weißer, kurioser, größerer Staubfleck, und zwar auf / an
der Phallusspitze, auf der Eichel, sozusagen auf dem Kopf,
Kopf-Ende des Phallus. Er erklärt dem Arzt, es sei wie in
einem vorangegangenen Falle. Er kann aber die (alte) Sache
nicht richtig benennen. Er kann nicht sagen, worum es geht,

> *ging, er weiß aber, dass es nicht das erste Mal ist. Es wech-*
> *selt nun der Arzt in einen jüngeren Arzt. Der erste, ältere*
> *Arzt zeigt dabei wortlos mit dem Finger, Zeigefinger nach*
> *oben, Richtung Zimmerdecke, Himmel – oder was auch*
> *dort anzunehmen ist."*

Der „Himmel" meint die vorgeburtliche Zeit, d.h. noch die im Uterus. Dort ist der Phallus des Manfred kastriert worden oder psychisch beinahe wie kastriert worden. Vielleicht kann man mit einem Staubfleck auf der Phallusspitze leben, so gerade ‚leben'? Es ist anzunehmen. Es ist ja nicht einfach, Sex auszuschalten. Aber der weiße Staubpulverfleck auf der Eichel ist nicht das Übliche, das Normale. Es ist eine Störung! Welche auch immer, ob groß, ob klein. Natürlich hat Manfred keinen bewussten Zugang zum „ersten Mal", zum Geburtstrauma in Ausweglosigkeit, Schwärze und Enge. Er weiß aber immerhin, dass sein Phallusproblem, das identisch mit einem Ich-, Männlichkeitsproblem ist, eine Vorgeschichte hat! Der „ältere Arzt ist die Weisheit, die Erinnerung, ist das Wissen über die „vorgeburtlichen" Erlebnisse des Manfred. Da ist „Mann" allgemein und Manfred als Mann und als Stellvertreters des Vaters abgelehnt worden, nicht erst bei der Geburt. Die causa liegt im Himmel, so spricht der ältere Mann, der Weise. Man kann es nur mit dem Zeigefinger zeigen, es konkret zu benennen überfordert den Patienten, den Klienten.

Ein weiterer Traum von Manfred, nun zu seinem Erzeuger:

> *„Es geht um ein Fußballspiel, wie fast unter Schülern, jeden-*
> *falls in einer sehr alten, nämlich meiner ehemaligen Turn-*
> *halle. Als Manfred hier, als ein beliebiger XY-Typus, wird es*
> *mir zu bunt in der Abwehr, ich wechsle in den Sturm. Las-*
> *se einen anderen Manfred in der Abwehr sicherheitshalber*

zurück, wohl bei einer Art Mutter. Erreiche im Sturm als Manfred 3 Tore, und zwar so, dass ich eine große schwarze altertümliche Schultafel dreimal berühre, per Ball. Die gegnerische Mannschaft besteht aus Engländern. Jedoch der Schiedsrichter, der sich weiter hinten, in der Abwehr, in einer Ecke, die von einer ähnlichen Tafel, dreieckig aufgeklappt, als Winkel gestaltet wird, sich verbirgt, sich versteckt, erkennt die 3 Tore nicht an! Er ignoriert meinen Erfolg vorne. Er hat eklatant absichtlich nichts sehen wollen.

Das Motiv „Turnhalle" kann man verschieden deuten, gar als alte uterale Heimat, von der aus es nach vorn, in den symbolischen Sturm geht, aber simpler vielleicht als Symbol der Schulzeit, Jugend. Jedenfalls ist der Aufbruch nach vorne deutlich; als Erwachsenwerden kann man die Bewegung vielleicht deuten, aber auch als die erste Nach-Vorn-Bewegung, nämlich die Geburt. Kern ist die „Tafel", die eine Information enthält oder wenigstens eine Information hergeben soll. Drei Torschüsse, wobei Drei die Zahl der Faktizität ist, als Tafelberührung, das scheint seltsam, macht aber hier Sinn; Manfred will, dass die Tafel, als Notiz, Historie, etwas preisgibt: er berührt seinen Erzeuger, auf dass er sein Tun, seine Identität offenbare. Die Schrift auf der Tafel soll sprechen, diese „altertümliche" Geschichte ist gesucht, ist verborgen. Die Tafel ist also ein Info-Archetyp! Manfred bleibt als Teilpersönlichkeit bei der „Mutter". Logisch – einen anderen Elternteil hat er nicht. Der genetische Vater als Entscheider versteckt sich. Als „Schiedsrichter" hätte er eine Entscheidungsrolle, aber die verweigert er. Das Tafel-Wissen ist das Entscheidende im Traum. Der Schiedsrichter, Vater könnte darüber verfügen, aber er verkriecht sich in einen Winkel. Und er anerkennt den Sohn, nicht nur seine Leistungen, nicht! Der Träumer sieht den Charakter des Vaters relativ arglos, viel zu neutral, er hält ihn für einen Unparteiischen. Doch benimmt dieser Schiedsrichter, als Schicksal (unter dem berühmten „Stern"), sich wie ein Neinsager, ganz offensichtlich. Er lügt! Das verraten indirekt die Engländer. Es gibt den Archetyp des „trügerischen Albions", nicht nur in Weltkriegszeiten. Ich weiß nicht genau, woher er stammt. Es sind so Volksweisheiten, wie etwa der Deutsche in Kriegszeiten gern als Hunne bezeichnet wird. Im Unbewussten ist der Archetyp verankert, jedenfalls vorhanden. Der „Engländer" kann in dieser Funktion manchmal in Träumen auftauchen. Es haben, wie man es auch sieht, die Engländer als Symbol hier klar einen Lügencharakter, und sie verraten den Erzeuger als „Gegner", und zwar nicht als offenen Feind, aber als trickreichen Lügner. Erschütternd also für Manfred: sein Vater hat ihn verraten, so muss man es wohl sehen. Die Vokabel „anerkennen" wird bevorzugt bei einer möglichen Vaterschafts-Anerkennung gebraucht. Kein Wunder also insgesamt, dass seine Mutter sich in eine hochstressige Schwangere verwandelte und dass die vermutlich erbärmliche Lüge sich lange als erbärmliche Identität des Manfred zeigte, bzw. als erbärmliche Nebenerscheinung. Welche Probleme hatte Manfred nicht, um authentisch zu werden…? Seine Eltern belogen ihn massiv, wie soll er da authentisch werden? Mit seiner Identität sucht man ja „sich selbst". Aber die Anfänge Manfreds lagen im Lügengespinst. Seine einzige Chance war die schonungslose Wahrheit, nicht zuletzt über Träume.

(Vgl. hierzu Texte im Buch von W.P. Müller, „Vorgeburtliche Erinnerungen in den Träumen", 2023, S. 124ff., S. 127f.)

KAPITEL 20

Traum von Bill P. (19.10.24)

Stichwort: **Im Versteck**

Der Träumer sitzt in seinem Arbeitszimmer, im ersten Stock, sieht also „von oben" auf die Straße, auf den Bürgersteig, mal zwischendurch oder nebenbei im Traum. Dann schaut er von seinem Schreibtisch auf. Da erblickt er draußen seinen (längst verstorbenen) Stiefvater. Vor dem versteckt er sich. Ohne Anlass, momentanen Grund möchte er von dem Mann, seinem scheinbaren (offiziellen) „Vater", nicht gesehen werden. Er handelt automatisch, zwanghaft. Er erstrebt Sichtschutz hinter einem breiten Fensterrahmenteil oder einem breiten Zimmer-Mauerteil. Das gelingt, auch wenn er es nicht versteht. Der ‚Vater' kommt gerade nach Haus, vielleicht vom Einkaufen oder ähnlich.

Kommentar: Die Mutter hatte seinerzeit die Geburt verzögert, blockiert, krampfhaft verhindert, und zwar um immerhin 72 Stunden. Sie wusste, dass der in der Nähe, im Krankenhaus-Warteraum sich aufhaltende Ehemann bald wieder an die Front musste. Wir schreiben 1944. Der Traum jetzt wurde im 80. Lebensjahr des damals Geborenen geträumt. Der Träumer war 1944 dem Ehemann untergeschoben worden: dieser sollte besser erst einmal das Baby nicht erblicken, dachte die Mutter, deshalb das Zurückhalten, denn er hätte merken können, dass das Neugeborene nicht seine Züge, körperlichen Merkmale aufwies – tatsächlich stammte die Frucht nämlich von einem Ehebruch, von einem geheimen Fremdgehen der Mutter... Die Frucht, der spätere 80-Jährige also, blieb im Unbewussten sein Leben lang irgendwie „versteckt", d.h. etwas gebremst oder diffus blockiert, zumal gegenüber Männern (weniger gegenüber Frauen). Diese Art von Unfreiheit in blockiertem Versteck wurde quasi sein Charakter. Es war dies sein psychischer Hintergrundfilm, der ihm selbst lange nicht klar war, und der äußerte sich halt in dem ein oder anderen Scheitern in der Männerwelt – wofür man auch leicht und oberflächlich andere Gründe hätte anführen können. Ein feiner Lähmungsmantel lag über dem Leben des Träumers, der genau der tabuisierten, „versteckten", blockierten Geburt von damals entsprach. Dies Unbewusste, in verschiedenen Träumen zuweilen auftauchend, selten so klar wie hier, begleitete (und formte) den 80-Jährigen sein Leben lang. Der Ehemann der Mutter war ihm als „Vater" verkauft worden, das war Teil des Versteckspiels. Und es führte zu einem immerhin messbaren, relativ distanzierten Verhältnis zwischen dem angeblichen „Vater" und seinem vorgeblichen Sohn/dem Träumer, auch in den jungen Jahren des Träumers, als er die Wahrheit noch nicht erfahren hatte (viele Jahre lang sogar). Aber die Wahrheit setzt sich durch, schlägt sich nieder, ob man will oder nicht.

Der Träumer wusste natürlich als Foetus/Baby im Geburtskanal nicht, dass er 3 Tage lang vor dem Ehemann der Mutter, vor dem angeblichen Vater „versteckt" wurde, konkret massiv zurückgehalten wurde (mit Spätfolgen eines Geburtstraumas). Nur die Mutter wusste es, und zwar präzise, sowie auch die unbewusste Seele des Babys. Vielleicht sollte man besser sagen: die spirituelle Seele des Babys wusste es, die transzendente Seele. Bevor Mutter und Stiefvater dieses Versteck irgendwann einmal dem Träumer (Sohn) offenbarten, offenbaren konnten, sollten – waren sie gestorben. Erst relativ lange Zeit also nach dem Tod dieser Akteure, dieses Ehepaares entdeckte der aktuell 80-Jährige den wahren Sachverhalt, also dass er aus einem Fremdgehen stammte, einen anderen Mann zum genetischen Vater hatte. Immer wieder ist es faszinierend, wieso ein Traum solche Geheimnisse offenbart, intuitive, versteckte Sachverhalte hervorbringt, Wahrheiten aus alter Zeit, also Entdeckungen produziert, das lange Totgeschwiegene offenbart. Inwieweit dies dann auch latent lange Zeit „wirkt", biografisch wirkt, ist eine andere, aber sehr wesentliche Frage.

Im Traum taucht die Geschichte von 1944 auf, als wäre sie gestern gewesen = „versteckt" bei der Geburt. Sie war eben nie gelöscht. Versteckt blieb der latente, subtile Charakter des Träumers. Unauffällig trat er nach außen auf. Um sein Herz herum war er im unbewussten Gitternetz des Versteckspiels gefangen. Auch wenn er leidlich versuchte, an die Öffentlichkeit zu treten, die Klammern ums Herz sah niemand. Als 80-Jähriger ist sein Traum noch von so einer Story durchtränkt. Jeder Tageseindruck, das rezente Material also, kann die Geburtsstruktur wieder hervorrufen. Wirkt ein Geheimnis übrigens umso mehr, je mehr es unterdrückt, verdrängt ist? Es scheint so.

KAPITEL 21

Traum von Bill P. (26.10.24)

Stichwort: **Fremdschwangerschaft**

> **I.:** *Ich bemerke, dass meine Mutter, die seit Jahren verstorben ist, ganz in der Frühe des Tages in meinem Haus war. Ich schlief im Dachgeschoss und wollte Kontakt mit ihr aufnehmen oder die ganze Sache prüfen, irgendwie in Augenschein nehmen im Traum. So nehme ich meine Taschenlampe, die immer auf dem Nachttisch liegt. Aber die funktionierte nicht! Sehr früh war es, und auch schon hell. Ich wunderte mich insgesamt sehr.*

Kommentar: Das Motiv „Taschenlampe" bedeutet: Ich will etwas sehen, aufdecken, aber mysteriöse, überraschende Widerstände verhindern es! Dass meine Taschenlampe versagt, kommt normalerweise nicht vor. Das „Dachgeschoss" ist ein oft wiederkehrender Archetyp für die Schwangerschaftszeit. Symbolsprache: wie von oben kommen wir nach unten auf die Welt. Das Motiv des Schlafens verweist zusätzlich auf die uterale Zeit. In diesem Dachgeschoss schlief ich in der Traumnacht nicht, sondern in meinem üblichen Schlafzimmer. Die „frühe" Zeit des Tags entspricht einer sonstigen, allgemeinen frühen Zeit, einer Zeitspanne, in diesem Fall der frühen Anfangszeit der Schwangerschaft des Träumers. Die verstorbene Mutter gibt hier Informationen, wie meist, wenn Tote im Traum auftauchen, lügen die nicht eigentlich. D.h. die Mutter hat ihre Schwangerschafts-Anfangs-Zeit (damals) registriert, sie hat sich um diese ‚gekümmert‘, als wäre sie im Traum für eine Angelegenheit tätig geworden, aber der Frucht, dem späteren Sohn, ist die entscheidende Information vorenthalten worden. Deshalb versagt die Lampe. Dem Sohn ist nie von der Mutter berichtet worden, wer der Erzeuger ist… Er hat selber später herausfinden können, und zwar angestoßen durch Träume, dann im Groß-Familienkreis sekundär bestätigt, dass der Stiefvater, der als Vater benannt wurde, nicht der Erzeuger war. Sondern beim Stiefvater „hospitierte er“, so heißt es in einem sinnigen Traum. Also immerhin eine Teil-Wahrheit konnte der Träumer, der in diesem Buch als Bill P. auftritt, aber auch als Peter L., herausfinden. Auch hat er im Zuge der Traumdeutung viel über seinen Charakter und über seine Erotik vorfinden können. Die Informationen der vielen Träume waren hilfreich, der Kern einer Identität wurde entdeckt, also die „andere“ Identität, die stark vom Stiefvater, der immer als „Vater“ verkauft wurde, abwich. Doch einen Teil des Geheimnisses nahm die Mutter mit ins Grab! Niemand konnte ihr Herz öffnen, um die Identität des gesuchten Erzeugers, der sie auch schnell verlassen hatte (sic), preiszugeben. Die Aufklärungszeit darüber ist definitiv abgelaufen. Die ganze Story des Fremdgehens war unterschlagen worden, in der offiziellen Familiengeschichte gab es das Fremdgehen (und die zugehörige Empfängnis) nicht! Es war ein extremes, betonhartes Tabu; wie von Geisterhand versagte die Taschenlampe im Traum ihren Dienst… Doch es war kein Geist tätig, sondern die Mutter selbst: sie löschte das Licht der Lampe, wie im Traum so auch seit jeher, zu ihren Lebzeiten. – Hier könnte man ein Sonderthema einschieben: Welche Macht haben die Toten im Traum? – Der Träumer ist alt geworden (80 Jahre z.Zt.) und lebt mit einer Halbwahrheit. Viele Erkenntnisse zu den Ereignissen seiner Vita, zum charakterlichen Typus, auch zu seinen Partnerschaften, sind durch die

Arbeit mit Träumen ans Licht gekommen. Aber unverrückbar ist: Jemand hat eine letzte Wahrheit mit ins Grab genommen. Das kommt nicht selten vor, man muss es als „Schicksal" annehmen. Man darf spekulieren, aber die Taschenlampe wirft eben kein Licht...

Später sind die Szenarien der Zeugung dieses nun 80-Jährigen herausgekommen, und zwar im Traumbild: Ein Akteur ist auf einem Gelände „ausgerutscht", dabei leicht gegen ein Frau gefallen, die sich ärgerlich beschwerte, wobei aber enorm viele junge Mütter mit Kleinkindern auch im Traum auftraten; Der Boden war matschig-glatt = ein Versehen war der Ausrutscher, d.h. die Zeugung, Ejakulation damals! Außerdem erschien ein maßlos großes „Dachgeschoss" (= Uterus-Symbol). Die Zeugung unserer Buchfigur war sozusagen ein „versehentlicher Ausrutscher" – nun, das kommt vor. Die Zeugung geschah um Weihnachten, denn sie wird symbolisch auch so geträumt: „eine Christbaumkugel platzt"; dann muss halt ein Paar die Scherben aufkehren, für die Folgen einstehen.

KAPITEL 22

Bruchstücke aus Träumen zur schwierigen Geburt

Stichwort: **Der Kopf und der Tod**

Die Träume von Bill P. und Peter L. stammen aus der gleichen Quelle. Es folgen nun verschiedene Varia, aus den entsprechenden Träumen dieser Person.

Dabei geht es um den Grundsatzkonflikt: Das Baby will in Eile hinaus, denn es ist total „reif", und da gibt es nur noch das Streben nach Geburt, nach dem „Hinaus", in biologisch eigenständiger Automatik. Dagegen hält die Mutter das Tabu-Kind im extremen Krampf „Zurück"! Die Mutter blockierte real und absichtlich 3 Tage lang die Geburt, damit der wartende Ehemann abreisen müsste und nicht optisch erkennen könnte, dass dies Baby kaum von ihm stammen kann. Der genannte Gegensatz ist letztlich fokussiert oder im Unbewussten gesteigert auf: Leben oder Tod, jedenfalls fürs Baby.

In einem Traum werde ich (sagt und schreibt das Baby später, als Erwachsener) mit dem Tod bedroht, suche eine Gegenbewaffnung, was aber fehl schlägt. Ähnlich kommt mir in vielen Träumen, die tendenziell zur Geburt gehören, niemand zur Hilfe. Nun, meine Mutter wehrte sich ja 72 Stunden gegen die Geburt. Mancher Traum endet mit „I surrender", in Englisch, wobei man nicht vergessen soll, dass es den Archetyp des „trügerischen Albions" gibt, wozu ich mir eine nähere Übersetzung hier erspare. „Englisches" im deutschsprachigen Träumer hat manchmal eine kollektiv recht problematische Bedeutung.

In einem Traum, der zum Geburtsversuch gehört, ist „*I sur-render*" deutlich = nämlich Tod, Lebensaufgabe, Todnähe, To-dentschluss oder Anti-Leben; es ist das Ende absoluter Über-forderung. Also die Seele gibt sich auf! Dazu kann im Traum auch ein Knabe auftreten, der mit einer roten Kelle den allge-meinen „*Verkehr stoppt*", d.h. die Geburt verunmöglicht.

Ob Geburt immer ein Kampf oder Krampf ist? Jedenfalls dann, wenn die Mutter die Geburt mit ihrem Körper verwei-gern will. Man muss sich das extrem gegensätzlich vorstellen: Das Baby drängt hinaus – die Mutter drängt zurück. Irrsinn, nicht wahr.

In einem meiner Geburtsträume bringe ich eine „*Kuh nach Hause*", wo allerdings erstaunlicherweise alle, wie im Kran-kenhaus, in einem Bett liegen... Ich agiere vielleicht im Auftrag einer Frau? Stelle aber fest, dass die Kuh nur zur Hälfte dieser Frau gehört, zu 50% einer anderen Person. Mit dem Handy [also mit meiner unbewussten Nachforschung] will ich es klä-ren, doch ich habe keine Tel.-Nummer etc. Auch ein möglicher „Weg zurück" ist mir zu schwierig. Das bedeutet: Meinen Er-zeuger, die anderen 50%, werde ich nie finden. Die Kuh steht für die schwangere Mutter. Meine (damals unfähige) Aktion steht für das nicht seltene Traumphänomen, dass dem Träumer mehr Ich-Aktionen zugeschrieben werden, als realistisch sind oder waren. Ein Traum-Ich agiert gern vermessen so, als wäre es die Haupt-Motivation und die Haupt-Aktivitätsperson. In Wahrheit agiert das Schicksal, aber die Ich-Manie greift gern ein.

Unsere Quelle, also die betreffende Person, Bill P. bzw. Pe-ter L., wurde bei der blockierten Geburt von der Mutter ins „*Rückwärts*", so wörtlich, getrieben. Die wichtige Stelle beim Geburtsbemühen wie auch im Stopp durch die Mutter war der Körperteil „*Kopf*". Dort konkret, somatisch und symbolisch spielte sich alles ab. Der Träumer hatte als Erwachsener diverse kopfbezogene Krankheiten, was kein Wunder ist...

In einem Traum *„drücken ihm zwei Gefängnisinsassen dauernd den Kopf hinunter"*. Sie drücken den Kopf, die ganze Person nach unten und zurück. Bis heute rätselt man ja in der Medizin über manche Kopfkrankheiten, beispielsweise über die Krankheit der Migräne im Kopf.

Meine Partnerin träumte übrigens: Ich würde in einer Kirche auf den „Kopf" stürzen; sie setzt den Notruf ab. „Kirche" kann Uterus bedeuten. Natürlich können auch Partnerinnen die Wahrheit zu einer Person träumen, nicht nur Inhalte zu ihren eigenen Kindern oder ähnlich.

In einem anderen Traum wäscht (mir) eine Frau den Kopf, aber *„zu trocken"* = zu wenig Wasser. Da „fehlt" natürlich etwas Wichtiges an Gleiten im Geburtsprozess! Im Traum taucht dazu als Symbolon eine nussartige Erhebung unter der Kopfhaut auf. Diese knubbelartige, ungute Erhöhung ist nicht auszudrücken, leider im Traum nicht zu löschen. D.h. das Kopftrauma vom Geburtskampf her wird der Träumer sein ganzes Leben lang nicht mehr los. Damals war es der zugespitzte Kampf: Kommt der Kopf am Ende durch oder nicht?! Es gibt eben Ereignisse im Unbewussten und in der Vorgeschichte bzw. in der Genese, die bleiben an einer symbolischen, passenden Körperstelle haften, sitzen, hängen; oder es verrät auch gern ein Organ später eine geheime, vergessene Verletzung, Krankheitsursache... „Kopf" auch gern als Symbol für Vater.

In einem anderen Traum fahren Handwerker, Besitzer in eine sehr enge und extrem verwinkelte (Häuser-)Situation ihre Pkw-Anhänger und ähnlich *„rückwärts hinein"*. „Rückwärts" ist eben das Ur- und Kerntrauma des bei der Geburt extrem „zurückgehaltenen" Jungen.

In einem anderen Traum dränge ich Jungs zu bleiben, nur damit die Lehrerin erkennt: *„Wir können nicht mehr!"* Wir sind für den Abbruch des Ganzen! Die Lehrerin reagiert nicht. Mein PKW-Anhänger ist letztlich auch gestohlen. D.h. ich habe meinen Körper, mein Leben verloren, bin so gut wie tot, bzw. war beinahe bei der Geburt tot. Der „Anhänger" als Körper-Additiv fehlt. Die „Lehrerin" ist die Mutter.

KAPITEL 23

Wen stellt eine Traumfigur im Grundsatz dar?

Stichwort: **Nur sich selbst? – Nein.**

Jede figura kann eine Charakterseite, eine unterdrückte Absicht, eine ähnliche, vielleicht verwandte Person, auch ein Tier, einen Tier-Geist darstellen (warum nicht auch einen Engel?). Die Traumsprache denkt in Gleichnissen, sie arbeitet mit Bildern, Symbolen! D.h. jede Figur kann auch für eine andere ähnliche stehen. Das ist nicht ständig der Fall, aber es kann vorkommen. Wir Menschen erarbeiten und erklären alles mit den Elementen der bewussten, rationalen Sprache (wenn wir nicht gerade Lyrik produzieren). Die Traumsprache ist eine andere, das ist ganz wichtig zu berücksichtigen.

So konnte unsere Hauptperson einen anfangs eher unverständlichen Traum deuten, indem er den kleinen Bruder im Traum als Ersatz, Gleichnis (Stellvertretung!) für eine andere Person erkannte:

> *Trauminhalt: Ich laufe vor meinem kleinen, jüngeren Bruder davon. Dabei ist mir ganz wichtig, dass er mich nicht sieht bzw. mich nicht aufhalten kann. Ich strebe nach einem Stadtteil aus der Zeit, als wir jung oder Kinder waren. Ich wollte in eine vertraute Bleibe (Heimat). – Ich begriff weder im Traum noch nach dem Traum, warum mein Bruder mich so auffallend „nicht sehen" sollte.*

Wobei ich mich sowieso nicht erinnern kann, jemals als Älterer vor meinem kleinen Bruder davongelaufen zu sein. Und für das Motiv „Versteckspiel" gibt es auch keine Erklärung. Erst wenn ich vermute, erschließe, ahne, dass mein Bruder eine andere Person vertritt, gibt der Traum Sinn. Mein Bruder ist nämlich der echte, genetische Sohn ‚unseres Vaters', der bezüglich meiner nur Stiefvater ist (was ich extrem spät erst eruieren konnte). Wenn ich nun noch verstehe, dass viele Träume die Erst-, Geburtssituation zeigen – mutig genug füge ich hier das brisante Wort ein, dass das Geburtserlebnis unseren Charakter macht –, dann verstehe ich den Traum. An mehreren Stellen in diesem Buch habe ich die Konstellation beschrieben, dass meine Mutter bei der Geburt mich extrem zurückhielt, damit ihr betrogener Ehemann nicht stutzig wurde beim „Anblick" seines angeblichen Sohnes Bill P. oder Peter L., nämlich dass dieser Typus des Neugeborenen genetisch kaum von ihm stammen konnte. Es gab also einen hochenergetischen Inhalt in der Seele der Mutter wie natürlich auch parallel im Foetus (Baby), dass der Ehemann das frischgeborenen Baby erst mal „nicht sehen" sollte!! Das gelang, er musste bald wieder abreisen, an die Front – und war im übrigen, das will ich nicht unterschlagen zu erwähnen, in der Regel fair zu mir.

Aber natürlich war meine Jugend so, dass der echte Sohn, mein jüngerer Bruder also, in einem viel engeren emotionale Verhältnis stand ‚zu unserem Vater' als ich Fremdling. Ich bin intelligent genug, dazu keine Ressentiments zu haben, die Natur wirkt eben nach eigenen Gesetzen. Mir ist die Interpretation des oben erwähnten Traumes gelungen, indem ich das nicht seltene Traumphänomen begriffen habe, dass Personen stellvertretend für andere, ähnliche, affine (!) Personen auftreten können. Es kommt vor, und so kann sich ein verborgener Trauminhalt offenbaren. Auch dieser Traum ist wie alle Träume ein Stück Wahrheit, deshalb zerstört er nicht, sondern heilt.

KAPITEL 24

Nachwort zur abgelehnten Schwangerschaft – für Geburtshelfer

Bei ungewollter, mehr oder weniger aufgezwungener Schwangerschaft bleibt die Reaktion der Mutter nicht aus. Ihr Unbewusstes rebelliert – logischerweise. Die Schwangerschaft selbst läuft oft noch unauffällig, d.h. normal ab, denn in ihr wirken Urkräfte, Muster aus Vorzeiten der Ahninnen, selbständig, automatisch, von der Schwangeren nicht beeinflussbar. Hier wirkt sich auch gern der ehemalige Schwangerschaftsverlauf der Frau selbst aus.

Typisch sind in solchem Falle aber auch Fruchtabgänge, u.a. aus der Kausallinie verstärkt, wenn die Frau selbst eine ungewollte Schwangerschaft war. Abtreibung ist natürlich das Signal, was an Deutlichkeit nicht zu übertreffen ist... Eine Schwangerschaft ist generell im engen Konnex zum Geburtsverlauf zu sehen. Der Geist irgendeiner ungewollten Schwangerschaft zeigt sich also indirekt sowohl im diesmaligen Verlauf der 9 Monate als auch besonders im Geburtsverlauf, wo es „endet" bzw. wo sich alles gern konkret „manifestiert". Ein Geburtstrauma fußt sowieso immer auf irgendeiner Art von Vorgeschichte.

Wir können mit stark gewählten Worten sagen: Die ungewollt Geschwängerte rächt sich in der Regel im Unbewussten..., eigentlich an dem betreffenden Mann, aber konkret wie auch symbolisch gern am Kind, das sie gebiert, und eigentlicher noch an Vormüttern, Vorvätern usw. usf. Für das abhängige Baby ist die Mutter in ihrer Wichtigkeit eine Kaiserin aus dem Absolutismus. Neben dem Geburtstrauma können auftreten: Die Stillende hat keine Milch, oder sie gibt ihr Kind einer Schwester, Tante früh zur Pflege. Das Baby wird später vielleicht Alkoholiker – was soll's, könnte man platt sagen. Wenn es ein Sohn ist, erzieht die Mutter ihn vielleicht zum Mädchen oder sie bewegt den unmündigen Knaben dazu, sich Karneval im Rheinland als Mädchen zu verkleiden. Solches wird in der Regel nie aufgedeckt. Warum gerät eine Tochter später in Kauf- und Trinksucht? Oder warum lebt ein Mann später am Rande der Kastration? Diese Erwachsenen später haben eine Ablehnungsgeschichte hinter sich, sie schleppen gravierende Lasten in Ihrem Unbewussten mit sich.

Ein Leben lang ist die Selbstgewissheit gestört, zerstört durch Zweifel, Unsicherheiten, durch fragiles Aufwachsen. Ganz besonders in der Sexualität fallen viele unbegreiflichen Probleme auf und an, denn in ihr ist die Fähigkeit, sich selbst zu lieben, Ja zu sich sagen zu können, ganz wichtig; sich gut genug und genügend positiv zu finden, ist für die Ausstrahlung von Attraktivität und Eros wesentlich. Mit geheimer Selbstablehnung, geerbter Fremdablehnung, unbewusstem Minderwertigkeitskomplex ins Bett zu gehen, ist mehr oder weniger obsolet, d.h. kann man es sich eigentlich schenken, im Jargon gesagt. Wegen der Triebe aber gehen alle Betroffenen doch ins Bett. Nun ja, es reicht meistens knapp. Jedes Kind weiß, z.B. in seinen Träumen, haargenau, dass es oder wenn es ehedem abgelehnt worden ist. Im Bett zeigt sich diese Wahrheit dann somatisch, sagen wir mit kleineren oder größeren Auffälligkeiten. Unser Körper sprich seine eigene, nicht zu übersehende Sprache!

Die Begleitgefühle bei einem Geburtstrauma, wie z.B. Angst, Unfähigkeit, Nicht-Können, Überforderungsgefühl in der Schwangeren, ggf. nachträgliche Wut, nicht selten auch Todesangst oder Panik, Verweigerung, sind in der Gebärenden und im Kind ziemlich identisch, quasi chemisch, hormonell parallel, gleichlaufend. Ein Höhepunkt ist dann, z. B. bei Kaiserschnitt oder Vollnarkose, der Diebstahl, d.h. der „Diebstahl am Geburtserlebnis"! Es wird einmal eine Revolution geben – und die Ausbildung der Gynäkologen und Geburtshelfer dramatisch verändert werden: „Stiehl dem Kind nur ja nicht das Geburtserlebnis, sonst stiehlst du ihm die Sexualität für später." -- Natürlich weiß ich Autor hier, dass, wenn es sozusagen um Kopf und Kragen geht, die Lebensrettung Priorität hat vor der Sexualitätsrettung... Darüber brauchen wir nicht zu diskutieren. Die Männer, die Frauen sexuell verführen, die zeugen und sich dann der Verantwortung entziehen, die Erwachsenen also insgesamt, sind in diesem Zusammenhang der äußersten Kritik hier nicht entzogen.

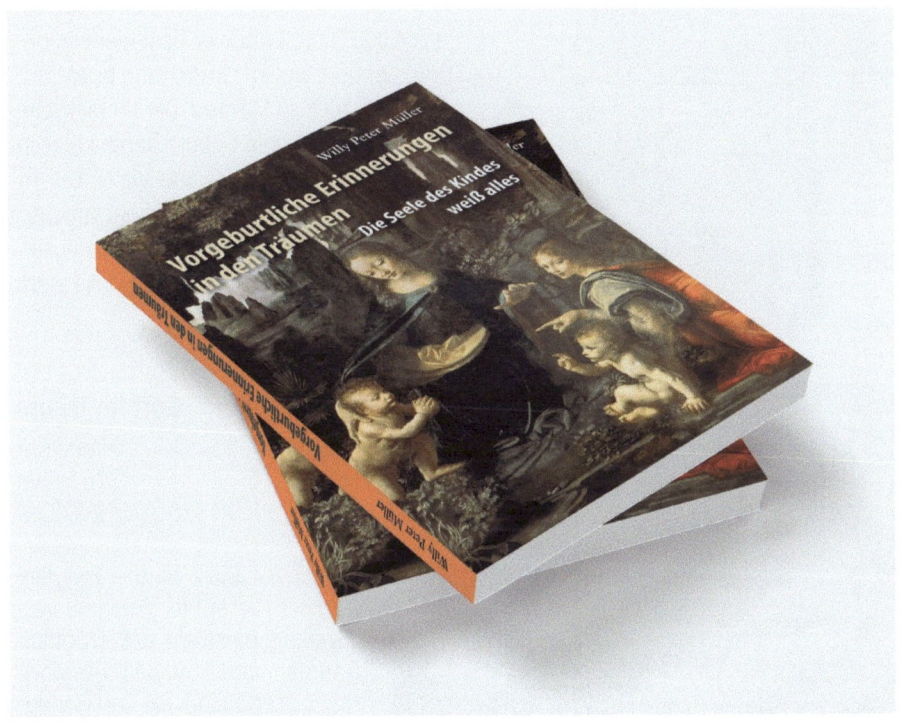

**Vorgeburtliche
Erinnerungen
in den Träumen**

Die Seele des Kindes
weiß alles

Paperback
160 Seiten
ISBN 978-3-7578-6234-3

Erlebnisse aus der Schwangerschaftszeit tauchen in den späteren Retro-Träumen von Erwachsenen öfter auf. Diese vorgeburtlichen Ereignisse können biografisch zurückverfolgt werden, sie beruhen auf Fakten. Die Pränatalpsychologie beschäftigt sich mit den charakterlichen Folgen solcher frühen Prägungen und Traumata, z. B. in Geburtsträumen. Viele Beispiele im Buch.

Traumsymbole, Bd. I und II

Paperback, Band I	Paperback, Band II
344 Seiten	364 Seiten
ISBN 978-3-7534-5354-5	ISBN 978-3-7534-5357-6

Eine umfangreiche Sammlung von ca. 4.000 Traumsymbolen liegt hier vor, besonders an Carl Gustav Jung orientiert, aber auch an S. Freud. Der thematische Bogen geht vom Geburtstrauma bis hin zur Spiritualität der Träume. Vielen Lesern werden die Traummotive bekannt vorkommen, wie z.B. Nacktheit, Fliegen, Häuser, Tische, Schwimmen oder das Essen.

Gott im Traum

Hardcover
376 Seiten
ISBN 978-3-7519-7723-4

Ein kurzer Blick in die Ewigkeit wird dem Leser hier durch 50 ausgewählte Beispiele aus Original-Träumen und Visionen gewährt. Faszinierend sind die Informationen, die wir durch religiöse Träume, Out-of-Body-Erlebnisse, Entrückungen erhalten, z.B. über den Sinn des Lebens, über die Zukunft, über den Geburtsverlauf, über unsere Vorgeschichte sowie über das Leben nach dem Tod. Die spirituellen Träume offenbaren uns persönliche Geheimnisse aus der geistigen Welt, sie schenken uns Vertrauen in das Walten des Kosmos, sie decken die Wahrheit auf, sie informieren uns über unseren ewigen Kern, dem das Bewusstsein zu wenig Beachtung schenkt. Wir sind weit mehr als unser Körper. Gottes- und Jenseitserfahrungen, in denen man die Zeit verlässt, sind hier in Originalquellen, von verschiedenen Menschen, aufgeführt und näher erläutert.

Die im Buch dokumentierten Zeugnisse belegen, dass es eine geistige, unsichtbare Welt im Hintergrund des Menschen gibt und dass wir besonders im Traum Zugang zu persönlichen und religiösen Geheimnissen besitzen.